Prüfungstraining

Goethe-Zertifikat A1
Fit in Deutsch 1

von Vassiliki Argyri, Spiros Koukidis
und Marialena Krämer

Audios online verfügbar unter cornelsen.de/webcodes. **Code: xaxaju**

Cornelsen

Impressum

**Prüfungstraining
Goethe-Zertifikat A1 Fit in Deutsch 1**

Im Auftrag des Verlages erarbeitet von Vassiliki Argyri (Hören und Lesen), Marialena Krämer (Schreiben und Sprechen) und Spiros Koukidis (Vorstellung der Prüfung, Tipps und Training)

Lektorat: Maria Funk

Illustrationen: Koukidis EPE – Praxis Publications / Efthimios Malafouris
Umschlaggestaltung: hawemannundmosch, Konzeption und Gestaltung, Berlin
Layout und technische Umsetzung: Andrea Päch (MeGA14), Berlin

www.cornelsen.de

Die Webseiten Dritter, deren Internetadressen in diesem Lehrwerk angegeben sind, wurden vor Drucklegung sorgfältig geprüft. Der Verlag übernimmt keine Gewähr für die Aktualität und den Inhalt dieser Seiten oder solcher, die mit ihnen verlinkt sind.

1. Auflage, 2. Druck 2023

Alle Drucke dieser Auflage sind inhaltlich unverändert und können im Unterricht nebeneinander verwendet werden.

© 2021 Cornelsen Verlag GmbH, Berlin

Das Werk und seine Teile sind urheberrechtlich geschützt.
Jede Nutzung in anderen als den gesetzlich zugelassenen Fällen bedarf der vorherigen schriftlichen Einwilligung des Verlages.
Hinweis zu §§ 60 a, 60 b UrhG: Weder das Werk noch seine Teile dürfen ohne eine solche Einwilligung an Schulen oder in Unterrichts- und Lehrmedien (§ 60 b Abs. 3 UrhG) vervielfältigt, insbesondere kopiert oder eingescannt, verbreitet oder in ein Netzwerk eingestellt oder sonst öffentlich zugänglich gemacht oder wiedergegeben werden. Dies gilt auch für Intranets von Schulen.

Druck: AZ Druck und Datentechnik GmbH, Kempten

ISBN 978-3-06-121260-5

Vorwort

Die Prüfung *Goethe-Zertifikat A1 Fit in Deutsch 1* ist eine Sprachprüfung für Kinder und Jugendliche, die mindestens zehn Jahre alt sind und das Niveau A1 abgeschlossen haben.

Die Prüfung *Goethe-Zertifikat A1 Fit in Deutsch 1* hat zwei Teile:

eine schriftliche Einzelprüfung   Zeit: 60 Minuten

mit den Teilen:

- Hören   Zeit: 20 Minuten
- Lesen   Zeit: 20 Minuten
- Schreiben   Zeit: 20 Minuten

und eine mündliche Gruppenprüfung   Zeit: 15 Minuten

In diesem Buch möchten wir die Prüfung *Goethe-Zertifikat A1 Fit in Deutsch 1* vorstellen und nützliche Tipps geben. Im ersten Teil des Prüfungstrainings stellen wir anhand des Modelltests 1 die vier Prüfungsteile Hören, Lesen, Schreiben und Sprechen vor. Zu jedem Teil gibt es Tipps für die Prüfung und eine empfohlene Strategie.

Fünf weitere Modelltests bieten den Lernenden die Möglichkeit, sich durch intensives Üben optimal auf die Prüfung vorzubereiten.

Die Audio-Dateien zum Prüfungsteil Hören stehen online zum Download zur Verfügung. Den dafür notwendigen Webcode finden Sie hier in diesem Buch auf Seite 1.

Im Webcode sind ebenfalls die Lösungen der Modelltests, die Lösungen der Trainingsseiten sowie die Transkription der Hörtexte hinterlegt.

Viel Spaß bei der Vorbereitung und viel Erfolg in der Prüfung
wünschen Ihnen Autor*innen und Verlag!

Inhalt

Prüfungstraining Goethe-Zertifikat A1 Fit in Deutsch 1: Überblick — 5

1 Modelltest 1 – Schritt für Schritt

Hören	Übersicht	6
Teil 1	Aufgabenformat und Strategie	7
	Training	8
	Aufgaben	9
Teil 2	Aufgabenformat und Strategie	11
	Training	12
	Aufgaben	13
Lesen	Übersicht	14
Teil 1	Aufgabenformat und Strategie	15
	Training	16
	Aufgaben	17
Teil 2	Aufgabenformat und Strategie	19
	Training	20
	Aufgaben	21
Schreiben	Übersicht	23
	Aufgabenformat und Strategie	24
	Training sprachliche Mittel	25
Sprechen	Übersicht	26
Teil 1	Aufgabenformat und Strategie	27
	Training	28
	Aufgaben	29
Teil 2	Aufgabenformat und Strategie	30
	Training	31
	Aufgaben	32
Teil 3	Aufgabenformat und Strategie	33
	Training	34
	Aufgaben	35

2 Modelltest 2 — 36

3 Modelltest 3 — 46

4 Modelltest 4 — 56

5 Modelltest 5 — 66

6 Modelltest 6 — 76

A Anhang

Antwortbogen Hören und Lesen	86
Antwortbogen Schreiben	87
Prüfungsprotokoll Sprechen	88

Die Prüfung im Überblick

Die Prüfung *Goethe Zertifikat A1 Fit in Deutsch 1* im Überblick

Diese Prüfung ist für Kinder und Jugendliche gedacht, die mindestens zehn Jahre alt sind und das Niveau A1 erfolgreich abgeschlossen haben. Die Prüfung besteht aus einem schriftlichen und einem mündlichen Teil und ist wie folgt aufgebaut:

	Teil	Aufgaben	Dauer	Punkte
Schriftliche Prüfung	HÖREN	2	insgesamt 60 Minuten	18
	LESEN	2		12
	SCHREIBEN	1		12
Mündliche Prüfung	SPRECHEN	3	15 Minuten	18
Total		8	75 Minuten	60

Die Prüfung wird als Ganzes, d. h. schriftlich *und* mündlich, abgelegt und bestanden. Im Falle des Nichtbestehens kann sie – immer als Ganzes – wiederholt werden. Eine Teilprüfung, z. B. nur schriftlich oder nur mündlich, ist nicht möglich.

Errechnung der Punktzahl in den Prüfungsteilen

Hören $\quad\quad\quad\quad$ 12 × 1,5 = 18
Lesen $\quad\quad\quad\quad$ 12 × 1 = 12
Schreiben $\quad\quad\quad$ 6 × 2 = 12
Sprechen $\quad\quad\quad$ 12 × 1,5 = 18

Die in den einzelnen Prüfungsteilen erzielten Punkte werden addiert und ergeben die Gesamtpunktzahl. Das Gesamtergebnis wird auf volle Punkte aufgerundet. Die Prüfung gilt als bestanden, wenn mindestens 50 % (30 Punkte) der Maximalpunktzahl erreicht und alle Prüfungsteile abgelegt wurden.

Gesamtpunktzahl	Prädikat
60–50	Sehr gut
49–40	Gut
39–30	Befriedigend
29–0	Nicht bestanden

Wichtige Hinweise

Für die schriftliche Prüfung hast du insgesamt 60 Minuten Zeit. Die Prüfung beginnt in der Regel mit dem Teil **Hören**, der ca. 20 Minuten dauert. Verteile die restliche Zeit sinnvoll – d. h. ungefähr je 20 Minuten – auf **Lesen** und **Schreiben**!

Du musst die gesamte Prüfungszeit im Prüfungsraum bleiben, auch wenn du früher fertig wirst. Nutze diese Zeit und überprüfe noch einmal deine Lösungen und die E-Mail im Teil **Schreiben** auf dem Antwortbogen!

Hilfsmittel wie Wörterbücher oder Mobiltelefone sind nicht erlaubt.

1 Hören

Übersicht

Hören: Übersicht

Der Prüfungsteil **Hören** besteht aus zwei Teilen.

	Textsorte	Wie oft hören?	Anzahl der Items und Aufgabentyp	Punkte	Zeit
Teil 1	Nachrichten auf dem Anrufbeantworter	2 ×	6 Multiple-Choice-Aufgaben mit Bildern	6 × 1,5 = 9	insgesamt circa 20 Minuten
Teil 2	Kurze Alltagsgespräche	2 ×	6 Richtig-Falsch-Aussagen	6 × 1,5 = 9	
Gesamt			12 Aufgaben	18 Punkte	

Zeit

Der Prüfungsteil **Hören** dauert insgesamt ungefähr 20 Minuten. Alle Ansagen, Aufgaben, Pausen und Wiederholungen sind in der Audio-Datei enthalten. Du hörst jeden Hörtext zweimal. Vor dem ersten Hören hast du 25 Sekunden Zeit, um die Aufgaben zu lesen.

Während des Hörens kannst du deine Antworten auf dem Aufgabenblatt notieren. Am Ende der kompletten Audio-Datei überträgst du die Ergebnisse auf den offiziellen Antwortbogen (s. Seite 86). Dafür hast du etwa fünf Minuten Zeit.

Punkte

Für jede richtige Antwort bekommst du 1,5 Punkte, d. h. alle Aufgaben sind gleich wichtig.
Im Teil **Hören** kannst du also maximal 18 Punkte erreichen, das sind 30 % der Gesamtpunktzahl.

Tipps

Denk daran: Was du in der Aufgabe liest, ist nicht Wort für Wort dasselbe, was du hörst. Aber die Bedeutung ist die gleiche.

Höre in beiden Teilen von Anfang bis Ende konzentriert zu! Du kannst schon beim ersten Hören eine deiner Meinung nach richtige Lösung (auf dem Aufgabenblatt!) markieren oder dort, wo du nicht ganz sicher bist, ein Fragezeichen setzen. Aber erst beim zweiten Hören sollst du dich nach genauem Zuhören für die richtige Lösung entscheiden und diese dann ankreuzen.

Sei besonders aufmerksam bei der Übertragung deiner Lösungen auf den Antwortbogen (s. Seite 86)! Es muss bei jeder Aufgabe klar sein, für welche Lösung du dich entschieden hast. Achte auf die richtige Reihenfolge!

Hören

Teil 1: Aufgabenformat und Strategie

Hören Teil 1: Aufgabenformat und Strategie

Aufgabenformat

In diesem Teil hörst du drei kurze Ansagen und Nachrichten auf dem Anrufbeantworter. Ein Familienmitglied oder ein Freund ruft an und hinterlässt eine Nachricht auf dem Anrufbeantworter. Zu jeder Nachricht gibt es zwei Aufgaben vom Typ „Multiple-Choice" mit jeweils drei möglichen Antworten (a, b oder c). Zu jeder Antwortmöglichkeit gibt es auch ein Bild oder ein Foto, das dir hilft. Du sollst die jeweils richtige Antwort ankreuzen und somit zeigen, dass du die Nachricht als Ganzes bzw. wichtige Informationen, die in der Nachricht enthalten sind, verstanden hast.

Es kann sein, dass du Wörter aus allen drei Lösungsvorschlägen in der Nachricht hörst. Deshalb musst du die Aufgabenstellung ganz genau lesen. Sei besonders aufmerksam bei Schlüsselwörtern, wie z. B. Uhrzeiten (offiziell/inoffiziell)!

Du hörst jede Nachricht zweimal hintereinander. Vor dem ersten Hören hast du immer 20 Sekunden Zeit, um die Aufgaben zu lesen. Vor der ersten Nachricht hörst du ein Beispiel.

Strategie

1. Lies zuerst das Beispiel und unterstreiche die Schlüsselwörter. Schlüsselwörter sind wichtige Wörter, auf die du beim Hören besonders achten musst. Hör dann den Text dazu und bestätige die richtige Lösung. (Diesen Schritt kannst du später, wenn du genug geübt hast, auch auslassen, dann hast du etwas mehr Zeit für das Durchlesen der Aufgaben zur ersten Nachricht.)

2. Lies die Aufgaben 1 und 2 zur ersten Nachricht aufmerksam durch, am besten zweimal, und unterstreiche die Schlüsselwörter. Achte besonders auf die Aufgabenstellung. Auch in der Aufgabenstellung kannst du wichtige Wörter unterstreichen.

3. Hör die Nachricht einmal und vergleiche jede Aufgabe genau mit den drei möglichen Lösungen.

4. Hör die Nachricht noch einmal und kreuze die deiner Ansicht nach richtige Lösung an.

5. Wiederhole die Schritte 2–4 mit den beiden nächsten Nachrichten (Aufgaben 3 und 4 sowie 5 und 6).

1 Hören

Teil 1: Training

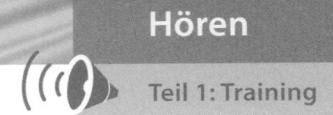

Hören Teil 1: Training

1 **Lies die Frage im Beispiel und unterstreiche: Welches Wort oder welche Wörter sind am wichtigsten?**

　0　Wann ist die Feier?

Die Aufgabenstellung (Wann ist die Feier?) hilft dir zu verstehen, worum es in der Nachricht geht.

Die drei möglichen Lösungen (a, b und c) helfen dir weiter.

Freitag		Samstag		Sonntag	
12:00		12:00	Feier	12:00	
14:00		14:00		14:00	
16:00	Feier	16:00		16:00	Feier

[a] am Freitag um 16 Uhr　　[b] am Samstag um 12 Uhr　　[c] am Sonntag um 16 Uhr

2 **Worauf musst du beim Hören besonders achten? Kreuze an.**

[a] Namen von Orten　　[b] Namen von Personen　　[c] Tage und Uhrzeiten

3 **Lies den Hörtext und unterstreiche alle Wörter/Zahlen, die mit dem Schlüsselwort / mit den Schlüsselwörtern zusammenhängen. Beantworte dann die Fragen.**

> Hallo, Amira,
> hier spricht Ida. Alles gut bei dir? Du, am Freitag wird Leo 16 und wir wollen eine Geburtstagsparty für ihn machen. Man wird ja nicht jedes Jahr 16! Die Party ist Sonntag um 16 Uhr bei mir. Wollen wir uns am Samstag so gegen 12 Uhr treffen? Wir können dann zusammen ein Geschenk für Leo kaufen. Ruf mich bitte an!

1. In der Nachricht hörst du „Freitag" und „16". Warum ist Antwort [a] falsch?
2. In der Nachricht hörst du „Samstag" und „12 Uhr". Warum ist Antwort [b] auch falsch?

4 **Lies und kreuze an: Welcher Satz ist richtig?**

[a] Das erste Hören ist nicht wichtig.
[b] Das zweite Hören braucht man nicht.
[c] Man muss von Anfang bis Ende konzentriert zuhören und sich erst nach dem zweiten Hören entscheiden.

Hören
Teil 1: Aufgaben

 **Hören Teil 1**

*Du hörst **drei** Nachrichten am Telefon.*
Zu jeder Nachricht gibt es Aufgaben.
Kreuze an: a , b , oder c .
*Du hörst jede Nachricht **zweimal**.*

Beispiel

0 Wann ist die Feier?

Freitag		Samstag		Sonntag	
12:00		12:00	Feier	12:00	
14:00		14:00		14:00	
16:00	Feier	16:00		16:00	Feier

a am Freitag um 16 Uhr   b am Samstag um 12 Uhr   ☒ am Sonntag um 16 Uhr

Lies die Aufgaben 1 und 2.

1 Felix ist krank. Er hat

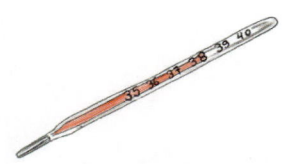   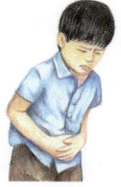   

a Fieber.   b Bauchschmerzen.   c Kopfschmerzen.

2 Ben ist nicht gut in

a Mathematik.   b Physik.   c Englisch.

*Jetzt hörst du die **erste** Nachricht am Telefon.*
*Du hörst die erste Nachricht **noch einmal**.*
*Markiere **dann** die Lösung zu Aufgabe 1 und 2.*

1 Hören

Teil 1: Aufgaben

Lies die Aufgaben 3 und 4.

3 Amalia muss Laura von der Schule abholen:

a um 16:15 Uhr. b um 16:50 Uhr. c um 17.00 Uhr.

4 Sie brauchen vom Supermarkt

a Brot und Käse. b Milch und Käse. c Brot und Milch.

*Jetzt hörst du die **zweite** Nachricht am Telefon. Du hörst die zweite Nachricht **noch einmal**. Markiere **dann** die Lösung zu Aufgabe 3 und 4.*

Lies die Aufgaben 5 und 6.

5 Sophie geht

a in den Supermarkt. b ins Einkaufszentrum. c in die Reinigung.

6 Lisa soll

a Getränke kaufen. b ein Kleid kaufen. c eine Puppe kaufen.

*Jetzt hörst du die **dritte** Nachricht am Telefon. Du hörst die dritte Nachricht **noch einmal**. Markiere **dann** die Lösung zu Aufgabe 5 und 6.*

Hören

Teil 2: Aufgabenformat und Strategie

Hören Teil 2: Aufgabenformat und Strategie

Aufgabenformat

In diesem Teil, der etwas schwieriger ist als Teil 1, hörst du zwei kurze Gespräche zwischen Freunden, Schulkameraden oder Familienmitgliedern. Die Gespräche werden auf der Straße, in der Schule oder zu Hause geführt. Zu jedem Gespräch gibt es drei Aufgaben. Du sollst entscheiden, ob die Aussagen zum Hörtext richtig oder falsch sind und somit zeigen, dass du wichtige Informationen im Gespräch verstehen kannst.

Du hörst jedes Gespräch zweimal hintereinander. Vor dem ersten Hören hast du 25 Sekunden Zeit, um die Aufgaben zu lesen. Vor dem ersten Gespräch hörst du ein Beispiel.

Strategie

1. Lies zuerst das Beispiel und unterstreiche die Schlüsselwörter. Schlüsselwörter sind wichtige Wörter, auf die du beim Hören besonders achten musst. Hör dann den Text dazu und bestätige die richtige Lösung. (Diesen Schritt kannst du später, wenn du genug geübt hast, auch auslassen, dann hast du etwas mehr Zeit für das Durchlesen der Aufgaben 7, 8 und 9.)

2. Lies die Aufgaben 7, 8 und 9 zum ersten Gespräch aufmerksam durch, am besten zweimal, und markiere die Schlüsselwörter.

3. Hör das Gespräch einmal und vergleiche die drei Aufgaben mit dem Gehörten.

4. Hör das Gespräch noch einmal und kreuze die jeweils richtige Lösung an.

5. Wiederhole die Schritte 2-4 mit dem zweiten Gespräch (Aufgaben 10, 11 und 12).

1 Hören

Teil 2: Training

Hören Teil 2: Training

1 Lies das Beispiel und kreuze an: Auf welche Frage musst du antworten?

> 0   Der neue Lehrer unterrichtet Italienisch.   ☐ Richtig   ☐ Falsch

- [a] Kommt ein neuer Lehrer in die Schule?
- [b] Woher kommt der neue Lehrer?
- [c] Was unterrichtet der neue Lehrer?
- [d] Wie ist der neue Lehrer?

2 Lies das Gespräch und unterstreiche: Wo steht die richtige Antwort?

Michaela: Hallo, Tobias, wie geht es dir? Alles gut bei dir?
Tobias: Hallo, Michaela! Sehr gut! Und bei dir?
Michaela: Danke, auch gut. Sag mal, hast du schon den neuen Englischlehrer gesehen? Herrn Carlos Petruci, aus Italien?
Tobias: Nein, noch nicht. Ist er nett?
Michaela: Ja, sehr sympathisch. Und stell dir vor, er spricht vier Sprachen! Italienisch, Deutsch, Englisch und Spanisch.
Tobias: Oh! Da bin ich gespannt!

3 Lies und kreuze an: richtig oder falsch?

0   Der neue Lehrer unterrichtet Italienisch.   ☐ Richtig   ☐ Falsch

4 Lies den Text in 2 noch einmal. Lies dann die Aussagen und kreuze an: richtig oder falsch?

1. In diesem Hörtext hört man genauso viele Personen wie in Teil 1.   ☐ Richtig   ☐ Falsch
2. Man hört nur wichtige Informationen.   ☐ Richtig   ☐ Falsch
3. Man muss von Anfang bis Ende konzentriert zuhören und sich erst nach dem zweiten Hören entscheiden.   ☐ Richtig   ☐ Falsch

Hören

Teil 2: Aufgaben

Hören Teil 2

Du hörst zwei Gespräche.
Zu jedem Gespräch gibt es Aufgaben.
Kreuze an: richtig oder falsch.
Du hörst jedes Gespräch zweimal.

Beispiel

0 Der neue Lehrer unterrichtet Italienisch. | Richtig | ~~Falsch~~

Lies die Sätze 7, 8 und 9.

7 Paul verbringt seine Ferien in Athen. | Richtig | Falsch

8 Lara kommt aus Griechenland. | Richtig | Falsch

9 Lara spricht nicht sehr gut Englisch. | Richtig | Falsch

*Jetzt hörst du das **erste** Gespräch.*
*Du hörst das erste Gespräch **noch einmal**.*
*Markiere **dann** für die Sätze 7, 8 und 9: richtig oder falsch.*

Lies die Sätze 10, 11 und 12.

10 Elli möchte einen neuen Schreibtisch haben. | Richtig | Falsch

11 Valentina hat eine rote Lampe gekauft. | Richtig | Falsch

12 Die beiden Mädchen gehen morgen ins Eiscafé. | Richtig | Falsch

*Jetzt hörst du das **zweite** Gespräch.*
*Du hörst das zweite Gespräch **noch einmal**.*
*Markiere **dann** für die Sätze 10, 11 und 12: richtig oder falsch.*

*Schreibe jetzt deine Lösungen 1 bis 12 auf den **Antwortbogen**.*

Ende des Prüfungsteils Hören.

1 Lesen

Übersicht

Lesen: Übersicht

Der Prüfungsteil Lesen besteht aus zwei Teilen.

	Textsorte	Anzahl der Items und Aufgabentyp	Punkte	Zeit
Teil 1	Anzeigen	6 Multiple-Choice-Aufgaben	6	insgesamt circa 20 Minuten
Teil 2	Personenbeschreibungen	6 Richtig-Falsch-Aussagen	6	
Gesamt		12 Aufgaben	12 Punkte	

Zeit

Du hast für den Prüfungsteil **Lesen** in der Prüfung 20 Minuten Zeit. Du kannst selbst entscheiden, ob du zuerst Teil 1 oder Teil 2 bearbeiten möchtest. Du hast ungefähr 10 Minuten Zeit für jeden Teil.

Punkte

Für jede richtige Antwort bekommst du 1 Punkt, d. h. alle Aufgaben sind gleich wichtig. Im Teil **Lesen** kannst du maximal 12 Punkte erreichen, das sind 20 % der Gesamtpunktzahl.

Tipps

Denk daran: Was du in den Aufgaben zum Text *liest*, ist nicht Wort für Wort dasselbe, was im Text *steht*. Aber die Bedeutung ist die gleiche. Du musst nach ähnlichen Wörtern suchen. Achte besonders auf Verneinungen.

Die Illustrationen oder Fotos können dir beim Verstehen helfen.

Notiere deine Antworten zuerst auf dem Aufgabenblatt. Wenn du nicht ganz sicher bist, kannst du ein Fragezeichen schreiben. Wenn du fertig bist, übertrage deine Lösungen auf den Antwortbogen (s. Seite 86). Dafür gibt es keine extra Zeit! Arbeite sorgfältig und achte auf die richtige Reihenfolge von deinen Antworten.

Lesen

Teil 1: Aufgabenformat und Strategie

Lesen Teil 1: Aufgabenformat und Strategie

Aufgabenformat

In diesem Teil liest du zwei kurze Anzeigen für Jugendliche. Zu jeder Anzeige gibt es drei Multiple-Choice-Aufgaben mit jeweils drei möglichen Antworten (a, b oder c). Du sollst die jeweils richtige Antwort ankreuzen und somit zeigen, dass du wichtige Informationen verstehen kannst. Für die erste Anzeige gibt es auch ein Beispiel.

Die Aufgaben sind nicht immer in derselben Reihenfolge wie die Informationen im Text.

Strategie

1 Lies Anzeige 1 in Ruhe durch.

2 Lies das Beispiel und markiere die Schlüsselwörter (= wichtige Wörter). Schau dir die Lösung an und markiere die richtige Stelle im Text.

3 Lies die Aufgabenstellung zu Aufgabe 1, markiere die Schlüsselwörter und suche die passende Stelle im Text. Vergleiche die drei möglichen Antworten mit dem Text und kreuze die richtige Lösung an.

4 Wiederhole Schritt 3 mit den restlichen Aufgaben (2 und 3).

5 Wiederhole die Schritte 3 und 4 mit Anzeige 2 (Aufgabe 4, 5 und 6).

Lesen

Teil 1: Training

Lesen Teil 1: Training

1 Lies den Text von Anzeige 1 und das Beispiel. Kreuze an: Was ist richtig?

DIE PIRATEN WARTEN AUF DICH!
Das coolste Ferienlager in Deutschland!

Hast du Lust auf Abenteuer?
Eine ganze Woche ohne deine Eltern?

Dann komm diesen Sommer zu unserem Piratencamp in Hamburg. Hier erfährst du alles über Piraten. Wir stehen jeden Tag um sieben Uhr auf, frühstücken gemeinsam und um neun Uhr beginnt das Abenteuer! Am Abend machen wir ein Lagerfeuer, erzählen Piratengeschichten und sehen uns Piratenfilme an. Wir baden im See, wir grillen und wir bauen ein Piratenschiff! Sieben Tage lang lebst du wie ein Pirat! Bist du zwischen sechs und zwölf Jahre alt? Liebst du die Natur? Warte nicht lange! **Nur noch wenige Plätze frei!**

0 Das ist eine Anzeige für …

   a eine Kochschule.
   b ein Filmstudio.
   c ein Sommercamp.

2 Notiere die drei Schlüsselwörter.

_____

_____

_____

3 Lies den Text in 1 noch einmal und unterstreiche alle Informationen zu den Schlüsselwörtern. Nimm Rot für *Kochschule*, Blau für *Filmstudio* und Schwarz für *Sommercamp*. Diskutiere in der Klasse. Beantworte dann die Fragen und überprüfe deine Lösung in 1.

1. Warum ist das keine Anzeige für eine Kochschule?
2. Warum ist das keine Anzeige für ein Filmstudio?
3. Warum ist „ein Sommercamp" die richtige Antwort?

Lesen Teil 1

Lies bitte die zwei Anzeigen aus der Zeitung.

Anzeige 1

DIE PIRATEN WARTEN AUF DICH!
Das coolste Ferienlager in Deutschland!

Hast du Lust auf Abenteuer?
Eine ganze Woche ohne deine Eltern?

Dann komm diesen Sommer zu unserem Piratencamp in Hamburg. Hier erfährst du alles über Piraten. Wir stehen jeden Tag um sieben Uhr auf, frühstücken gemeinsam und um neun Uhr beginnt das Abenteuer! Am Abend machen wir ein Lagerfeuer, erzählen Piratengeschichten und sehen uns Piratenfilme an. Wir baden im See, wir grillen und wir bauen ein Piratenschiff! Sieben Tage lang lebst du wie ein Pirat! Bist du zwischen sechs und zwölf Jahre alt? Liebst du die Natur? Warte nicht lange! **Nur noch wenige Plätze frei!**

Anzeige 2

Hipp, hipp, hurra! Der Karneval ist da!

Alle lieben Weihnachten und Silvester, aber wir lieben Karneval!
Bist du auch ein Fan von Karneval?
Dann zieh dein coolstes Kostüm an und komm am Rosenmontag, den 18. Februar, ab 19:00 Uhr in die Disco „Boom – Boom" in Berlin.
Wir feiern Karneval mit einem Wettbewerb!
Die drei besten Kostüme gewinnen tolle Preise. Auf dich warten eine Reise nach Köln, eine Smartwatch und Kinokarten für die ganze Familie für fünf Kinobesuche. *Hast du Lust?*
Dann schreib eine E-Mail an boomboom_karneval@example.com bis spätestens Samstag, den 16. Februar.

Lesen

Teil 1: Aufgaben

Aufgaben 1 bis 6.
Kreuze an: a, b, oder c.

Beispiel zu Anzeige 1

0 Das ist eine Anzeige für
- a ein Filmstudio.
- b eine Kochschule.
- ☒ ein Sommercamp.

Anzeige 1

1 Wie lange bleibt man?
- a 6 Tage.
- b 7 Tage.
- c 9 Tage.

2 Wer darf das machen?
- a Kinder und Piraten.
- b Kinder und ihre Eltern.
- c Kinder unter 12 Jahren.

3 Wie viele Plätze gibt es noch?
- a Keine.
- b Nicht mehr viele.
- c Sehr viele.

Anzeige 2

4 Das ist eine Anzeige für
- a eine Karnevalsparty.
- b eine Silvesterparty.
- c eine Weihnachtsparty.

5 Die Party ist am
- a Dienstag, den 19. Februar.
- b Rosenmontag, den 18. Februar.
- c Samstag, den 16. Februar.

6 Was kann man gewinnen?
- a Drei Karnevalskostüme.
- b Eine Reise nach Berlin.
- c Tickets für das Kino.

Lesen

Teil 2: Aufgabenformat und Strategie

Lesen Teil 2: Aufgabenformat und Strategie

Aufgabenformat

In diesem Teil bekommst du zwei kurze Texte. In den Texten stellen sich zwei Jugendliche vor. Zu jedem Text gibt es drei Richtig-Falsch-Aussagen. Du sollst die jeweils richtige Antwort ankreuzen und zeigen, dass du wichtige Informationen im Text verstehen kannst. Im ersten Text gibt es auch ein Beispiel.

Die Aufgaben sind nicht immer in derselben Reihenfolge wie die Informationen im Text.

Strategie

1. Lies Beschreibung 1 in Ruhe durch.

2. Lies das Beispiel aufmerksam durch, markiere das Schlüsselwort bzw. die Schlüsselwörter und suche die entsprechende Stelle im Text. Schau dir die Lösung an und markiere die passende Stelle im Text.

3. Lies Aufgabe 7 aufmerksam durch, markiere die Schlüsselwörter, suche die passende Stelle im Text und kreuze die richtige Lösung an.

4. Wiederhole Schritt 3 mit den restlichen Aufgaben (8 und 9).

5. Lies dann Beschreibung 2 und wiederhole die Schritte 3 und 4 mit den Aufgaben 10, 11 und 12.

Lesen
Teil 2: Training

Lesen Teil 2: Training

1 Lies den Text und ergänze die Verben aus dem Schüttelkasten. Du darfst jedes Verb nur einmal verwenden. Zwei Verben passen nicht. Vergleiche im Kurs.

bin – heiße – ist – lerne – spiele – mag – wohne

Hallo, ich _____¹ Serena. Ich _____² Portugiesin, aber mein Geburtsort _____³ Augsburg. Ich _____⁴ Theater sehr und _____⁵ seit fünf Jahren in einer Theatergruppe.

2 Lies Beschreibung 1 und kreuze an: richtig oder falsch?

Hi! Mein Name ist Serena. Ich komme aus Portugal, aber ich bin in Augsburg geboren. Ich liebe Theater und bin seit fünf Jahren in einer Theatergruppe. An meinem 14. Geburtstag war ich mit meiner Familie in London. Dort war ich mit meiner Schwester im „Phantom der Oper". Das ist mein Lieblingsstück. Ich möchte später auch singen. Nach der Vorstellung habe ich ein Originalposter vom Phantom der Oper gekauft, das hängt jetzt in meinem Zimmer über meinem Bett.

Es gibt immer nur eine Möglichkeit, etwas zu sagen. ☐ Richtig ☐ Falsch

3 Lies die Aussage und kreuze an: Was ist richtig?

Ich komme aus Portugal, aber ich bin in Augsburg geboren.

☐ a Serena ist Portugiesin, wurde aber in Augsburg geboren.
☐ b Serena ist Deutsche und kommt gerade von einer Reise nach Portugal zurück.

4 Lies das Beispiel und kreuze an: richtig oder falsch?

0 Serena ist Deutsche. ☐ Richtig ☐ Falsch

Lesen Teil 2

*In einer Zeitschrift findest du zwei Texte über Jugendliche in Deutschland.
Lies bitte die Beschreibungen.*

Beschreibung 1

Hi! Mein Name ist Serena. Ich komme aus Portugal, aber ich bin in Augsburg geboren. Ich liebe Theater und bin seit fünf Jahren in einer Theatergruppe. An meinem 14. Geburtstag war ich mit meiner Familie in London. Dort war ich mit meiner Schwester im „Phantom der Oper". Das ist mein Lieblingsstück. Ich möchte später auch singen. Nach der Vorstellung habe ich ein Originalposter vom Phantom der Oper gekauft, das hängt jetzt in meinem Zimmer über meinem Bett.

Beschreibung 2

Hallo! Ich heiße Sergio, bin 15 Jahre alt und lebe in Bremen. Von unserem Balkon kann man den Hafen sehen. Ich beobachte gerne den Hafen, denn ich liebe Schiffe. Christoph Kolumbus finde ich super. Wir machen in der Schule gerade ein Projekt: Kolumbus und die Entdeckung Amerikas.
Ich habe sehr viele Modellschiffe. Zum Geburtstag bekomme ich oft Modellschiffe, die „Titanic" ist mein Lieblingsschiff. Später möchte ich wie mein Opa Kapitän werden.

Lesen
Teil 2: Aufgaben

Aufgaben 7 bis 12. Was ist richtig und was ist falsch?

Beispiel zu Beschreibung 1

0 Serena ist Deutsche. | Richtig | ~~Falsch~~

Beschreibung 1

7 Serena hat ein Poster vom „Phantom der Oper". | Richtig | Falsch

8 Serena spielt seit ihrem 5. Lebensjahr Theater. | Richtig | Falsch

9 Serena war mit ihren Eltern beim „Phantom der Oper". | Richtig | Falsch

Beschreibung 2

10 Die Wohnung von Sergio ist im Hafen. | Richtig | Falsch

11 Sergio baut in seiner Freizeit Schiffsmodelle. | Richtig | Falsch

12 Sergios Großvater war Kapitän. | Richtig | Falsch

Schreiben

Übersicht

Schreiben: Übersicht

Der Prüfungsteil **Schreiben** besteht aus einem Teil.

	Aufgabe – Textsorte	Textlänge	Punkte	Zeit
Teil 1	eine persönliche E-Mail schreiben	30–40 Wörter	6 × 2 = 12	circa 20 Minuten
Gesamt			12 Punkte	

Zeit

Du hast eine E-Mail erhalten und antwortest auf diese E-Mail. Deine E-Mail schreibst du auf den offiziellen Antwortbogen. Sie soll mit Anrede und Schlussformel etwa 30 bis 40 Wörter lang sein. Du hast 20 Minuten Zeit.

Punkte

Jede schriftliche Arbeit wird von zwei Prüfer*innen unabhängig voneinander nach zwei Kriterien korrigiert:
a) Inhalt und Umfang,
b) Formale Richtigkeit (d. h. Grammatik, Syntax und Rechtschreibung).

Beide Kriterien sind gleich wichtig, es werden jeweils maximal 3 Punkte vergeben. Die Summe der Punkte wird mit 2 multipliziert. Du kannst also maximal 12 Punkte erreichen. Das entspricht 20 % der Gesamtpunktzahl.

Tipps

Denk dran, du schreibst in der „du"-Form.

Beginne deine E-Mail mit einer passenden Anrede und ende mit einem passenden Schlusswort/Grußformel (s. Seite 25).

Beziehe dich auf den Inhalt von der E-Mail, die du bekommen hast – das ist das Thema. Schreibe nichts anderes.

Verwende deine eigenen Worte und schreibe nicht einfach von der E-Mail ab, die du bekommen hast.

Am besten schreibst du deine E-Mail direkt auf den Antwortbogen (s. Seite 87), so verlierst du keine Zeit.

Bleistift oder Tippex darfst du nicht verwenden.

Schreiben
Aufgabenformat und Strategie

Schreiben: Aufgabenformat und Strategie

Aufgabenformat

Du hast von einem/einer Jugendlichen eine E-Mail erhalten und schreibst als Antwort eine persönliche E-Mail.

Du hast diese E-Mail bekommen.
Antworte darauf bitte mit mindestens 30 Wörtern.
Schreibe bitte nicht mit Bleistift.

Hallo!

Ich heiße Natalie Brehier und bin 15 Jahre alt. Ich wohne in Frankreich und lerne seit drei Jahren Deutsch. In der Schule lerne ich auch Englisch. Meine Hobbys sind Tanzen und Musik. Ich habe zwei Haustiere: einen Papagei und eine Katze.

Wer ist zwischen 12 und 17 und möchte mir schreiben? Ich freue mich auf deine E-Mail!

nataliebrehier@example.com

Strategie

1. Lies die E-Mail aufmerksam und überlege/markiere:
   a) An wen schreibst du?
   b) Was ist das Thema? Auf welche Punkte willst/musst du eingehen?

2. Beginne mit der Anrede und einem einleitenden Satz und schreibe dann etwas zu jedem Punkt. Verbinde die Sätze sinnvoll miteinander. Schreibe auch einen passenden Schluss.

3. Lies deine E-Mail noch einmal aufmerksam durch und korrigiere eventuelle Fehler. Achte besonders auf die Satzstellung, die Verwendung der richtigen Wörter und Ausdrücke und auf die Rechtschreibung.

Schreiben: Training

1 Lies die Redemittel für deine E-Mail. Unterstreiche: Welche kennst du noch nicht? Frag deine*n Lehrer*in nach ihrer Bedeutung.

Anrede	Hallo! Hi! Liebe Tanja / Lieber Toni!
Einleitung	Ich finde deine E-Mail interessant und … Vielen Dank für … Ich hoffe, es geht dir gut und …
sich vorstellen	Ich heiße … Mein Name ist … Ich bin … Jahre alt und komme aus … Ich wohne in …
Familie	Mein Vater ist … und meine Mutter arbeitet als … Ich habe … Bruder, er heißt …, und eine Schwester, … Ich habe keine Geschwister.
Schule und Sprachen	Ich gehe in die … Klasse. Meine Lieblingsfächer sind … und … Ich lerne/spreche … und …
Freizeit und Hobbys	Mein Hobby ist … In meiner Freizeit … ich … Ich … auch gern …
Schlussformel	Viele Grüße Alles Liebe Schreib mir bald!

2 Meine Brieffreundin Victoria. Lies den Text und finde in jedem Satz einen Fehler. Korrigiere die Fehler und schreibe die Sätze richtig in dein Heft.

Ich habe eine Brieffreundin, ihre Name ist Victoria Smith. Victoria ist 15 Jahre alte. Sie kommen aus Irland, aus Dublin. Ihr Vater heist Henry, ihre Mutter Jenny. Geschwister Victoria hat keine. Sie geht in der 10. Klasse. In der Schule sie lernt Französisch und Deutsch. Ihr Lieblingsfach sind Physik. Victoria hat Haustier gern. Sie hat ein Hund und eine Katze.

Sprechen

Übersicht

Sprechen: Übersicht

Der Prüfungsteil **Sprechen** besteht aus drei Teilen.

	Aufgabe	Punkte	Zeit
Teil 1	sich vorstellen	2 × 1,5 = 3	insgesamt circa 20 Minuten pro Gruppe
Teil 2	Informationen erfragen und Informationen geben	(2 + 2) × 1,5 = 6	
Teil 3	Bitten oder Fragen formulieren und darauf reagieren	(2 + 2) × 1,5 = 6	
alle Teile	Aussprache	2 × 1,5 = 3	
Gesamt		18 Punkte	

Wichtige Informationen

Die mündliche Prüfung ist eine Gruppenprüfung – mit maximal sechs Schüler*innen pro Gruppe und zwei Prüfer*innen – und dauert etwa 20 Minuten.

Ablauf

Die Gruppen werden nach dem Zufallsprinzip gebildet. Es gibt keine Zeit zur Vorbereitung.

Im Prüfungsraum sitzen die Prüfungsteilnehmenden und die Prüfenden – nach Möglichkeit – im Kreis. Die Prüfenden sprechen langsam und deutlich. Sie sprechen die Teilnehmenden direkt mit ihrem Vornamen und „du" an.

Eine*r der Prüfenden leitet die Prüfung d. h. er/sie stellt sicher, dass alle Teilnehmenden die jeweilige Aufgabe gut verstanden haben, und erteilt dann der Reihe nach das Wort. Der/Die andere Prüfende füllt das Ergebnisprotokoll „Sprechen" aus (s. Seite 88). Direkt nach Ende der Prüfung notieren die Prüfenden die Punktzahl jedes/jeder Prüfungsteilnehmenden. Aus dem Mittelwert der Punkte der beiden Prüfenden ergibt sich die Punktzahl jedes/jeder Teilnehmenden im Teil **Sprechen**.

Punkte

Jede mündliche Äußerung wird von den Prüfer*innen mit 2, 1 oder 0 Punkten bewertet. Wichtig ist dabei der Bezug zum Thema und Fehler im Ausdruck und in der Grammatik. Für die Aussprache werden insgesamt ebenfalls 2, 1 oder 0 Punkte vergeben. Die Summe der Punkte wird mit 1,5 multipliziert. Du kannst also im Prüfungsteil **Sprechen** maximal 18 Punkte erreichen, das sind 30 % der Gesamtpunktzahl.

Tipps

Hör während der gesamten Prüfung aufmerksam zu, was deine Prüfungspartner*innen und auch die beiden Prüfer*innen sagen. Frag unbedingt nach, wenn du etwas nicht verstanden hast, z. B. „Noch einmal, bitte!". Antworte nie einfach so!

Sprechen

Teil 1: Aufgabenformat und Strategie

Sprechen Teil 1: Aufgabenformat und Strategie

Aufgabenformat

In Teil 1 der mündlichen Prüfung sollst du dich in wenigen Sätzen vorstellen. Dazu bekommst du ein Blatt mit Stichwörtern. Diese Wörter helfen dir. Die Stichwörter sind immer dieselben.

Am Anfang erklärt dir eine/r der Prüfenden, was du tun sollst, und stellt sich als Beispiel selber kurz vor.

Bewertung: maximal 2 × 1,5 = 3 Punkte

Strategie

Auf diesen Teil kannst du dich vor der Prüfung sehr gut vorbereiten. Du sollst zu jedem Stichwort ein oder zwei Sätze sagen. Überlege dir also zu Hause, was du zu jedem Stichwort sagen kannst und übe mit deinem Lehrer / deiner Lehrerin. Achte auf deine Aussprache!

Es ist einfacher, wenn du die Stichpunkte der Reihe nach verwendest. Du musst aber nicht auf alle Stichwörter eingehen und du kannst auch andere Sachen über dich erzählen.

1 Sprechen

Teil 1: Training

Sprechen Teil 1: Training

1 Ordne die Fragen den Stichpunkten zu. Zu manchen Stichworten gibt es mehr als eine Frage.

> a Was ist dein Hobby? – b Wie heißt du? – c Wie alt bist du? – d Wie heißt deine Schule? –
> e Woher kommst du? – f Welche Sprachen sprichst du zu Hause? – g Wo wohnst du? –
> h Was machst du gern? – i In welche Klasse gehst du? – j In welcher Straße wohnst du? –
> k Welche Sprachen lernst du in der Schule? – l Wie heißt deine Stadt?

1 Name	2 Alter	3 Land	4 Wohnort
b	___	___	___

5 Schule	6 Sprachen	7 Hobby
___	___	___

2 Ricardo stellt sich vor. Verbinde die Sätze und die Stichpunkte. Zwei Sätze passen nicht.

Name ○
Alter ○
Land ○
Wohnort ○
Schule ○
Sprachen ○
Hobby ○

○ Hallo, mein Name ist Ricardo Rossi.
○ Ich bin 13 Jahre alt.
○ Ich gehe in die 7. Klasse.
○ Ich komme aus Italien.
○ Ich schreibe morgen einen Test.
○ Ich spreche Italienisch und lerne jetzt Deutsch.
○ Ich wohne in Rom.
○ Mein Bus kommt um Viertel nach 9.
○ Meine Hobbys sind Joggen und Tanzen.

3 Schreibe die Sätze aus 1 mit deinen Informationen.

Name: _____
Alter: _____
Land: _____
Wohnort: _____
Schule: _____
Sprachen: _____
Hobby: _____

Sprechen

Teil 1: Aufgaben

Sprechen Teil 1

Sich vorstellen

> **Name?**
>
> **Alter?**
>
> **Land?**
>
> **Wohnort?**
>
> **Schule?**
>
> **Sprachen?**
>
> **Hobby?**

Sprechen Teil 2: Aufgabenformat und Strategie

Aufgabenformat

In Teil 2 der Prüfung musst du einem anderen Teilnehmer oder einer anderen Teilnehmerin eine Frage zu einem bestimmten Thema stellen. Du bekommst dann auch eine Frage gestellt und musst auf diese Frage antworten. Die Prüfer*innen sagen euch das Thema, z. B. „Freizeit".

Auf dem Tisch liegen verdeckt Karten. Auf jeder Karte steht das Thema und ein Stichwort. Die Stichwörter passen zum Thema. Ihr könnt die Wörter nicht sehen. Dann zieht jede*r Teilnehmer*in eine Karte und stellt mit diesem Stichwort eine Frage zum Thema. Wenn du eine Frage gestellt bekommst, musst du auf die Frage antworten.

So läuft die Prüfung ab:
- Der/Die erste Prüfende erklärt, was in diesem Teil zu tun ist, und gibt mit Hilfe des/der zweiten Prüfenden ein Beispiel.
- Der/Die Prüfende nennt das Thema und legt die Karten verdeckt auf den Tisch.
- Kandidat*in A zieht eine Karte, liest das Stichwort, überlegt kurz und stellt dann eine Frage an Kandidat*in B, der/die neben ihm/ihr sitzt.
- Kandidat*in B antwortet, zieht eine Karte und stellt eine Frage an Kandidat*in C. Das geht so weiter, bis alle Teilnehmenden je eine Frage gestellt und auf eine Frage geantwortet haben.
- Wenn eine Frage unklar oder unverständlich ist, stellt der/die Prüfende die Frage richtig und die Prüfung geht weiter.

Bewertung: 2 Punkte pro Frage/Antwort, d. h. maximal 4 × 1,5 = 6 Punkte.

Strategie

Für diesen Teil der Prüfung gibt es keine Vorbereitungszeit, aber die Prüfenden warten immer so lange, bis du überlegt hast, wie du deine Frage bzw. Antwort formulieren möchtest.

Deine Frage/Antwort muss selbstverständlich zum Thema passen und problemlos zu verstehen sein. Leichte Fehler in Grammatik, Syntax oder Wortwahl können vorkommen und sind nicht so schlimm.

Sprechen
Teil 2: Training

Sprechen Teil 2: Training

1 Lies die Fragen und die Antworten und verbinde.

Isst du gerne Obst? ○   ○ Ich esse jeden Tag Obst.
Welches Obst isst du gerne? ○   ○ Ich mag Obst nicht.
Wie oft isst du Obst? ○   ○ Ich esse gerne Bananen.

Thema: Essen
Obst

2 Lies die Kärtchen und schreibe jeweils eine passende Frage und Antwort.

Thema: Familie
Eltern

Thema: Familie
Geschwister

Thema: Familie
wohnen

3 Lies die Kärtchen. Welches Thema passt zu allen Kärtchen? Ergänze das Thema und schreibe zu jedem Kärtchen eine Frage und eine Antwort.

Thema: _____
reisen

Thema: _____
Strand

Thema: _____
Eis

Thema: _____
Verkehrsmittel

Sprechen

Teil 2: Aufgaben

Sprechen Teil 2

Fragen stellen und auf Fragen antworten

Beispiel

Thema: Wohnen

Adresse

Prüfer*in A: *Wie ist deine Adresse?*
Prüfer*in B: *Ich wohne in der Hauptstraße 7.*

Thema: Wohnen

Stadt

Thema: Wohnen

Zimmer

Thema: Wohnen

Garten

Thema: Wohnen

Haustier

Thema: Wohnen

spielen

Thema: Wohnen

Freunde einladen

Sprechen

Teil 3: Aufgabenformat und Strategie

Sprechen Teil 3: Aufgabenformat und Strategie

Aufgabenformat

In Teil 3 der Prüfung sollst du zeigen, dass du in einer bestimmten Situation
- eine passende Frage oder Aufforderung/Bitte formulieren und
- auf eine Frage oder Aufforderung/Bitte angemessen reagieren kannst.

Auf dem Tisch vor euch liegen verdeckt Bildkarten mit einem Alltagsgegenstand, das kann z. B. eine Zeitung oder ein Fußball sein, und einem Fragezeichen (?) oder einem Ausrufezeichen (!) darauf. Das Fragezeichen bedeutet, dass du eine Frage stellen, und das Ausrufezeichen, dass du eine Aufforderung/Bitte formulieren sollst. Ihr könnt nicht sehen, was auf jeder Karte steht. Wenn du eine Karte gezogen hast, musst du einem anderen Teilnehmer oder einer anderen Teilnehmerin eine Frage stellen oder eine Aufforderung/Bitte formulieren. Wenn dir jemand eine Frage oder Bitte stellt, oder dich auffordert, musst du antworten/reagieren.

So läuft die Prüfung ab:
- Der/Die erste Prüfende erklärt, was in diesem Teil zu tun ist, und gibt mit Hilfe des/der zweiten Prüfenden ein Beispiel.
- Kandidat*in A zieht eine Karte, sieht, was auf der Karte abgebildet ist, überlegt kurz und formuliert dann eine Frage (?) bzw. Aufforderung/Bitte (!) an Kandidat*in B, der/die neben ihm/ihr sitzt.
- Kandidat*in B reagiert entsprechend, zieht dann eine andere Karte und formuliert eine Frage bzw. Aufforderung/Bitte an Kandidat*in C. Das geht so weiter, bis alle Teilnehmenden je eine Frage/Aufforderung/Bitte formuliert und auf eine Frage/Aufforderung/Bitte reagiert haben.
- Wenn ein*e Kandidat*in das Frage- bzw. Ausrufezeichen übersieht, weist der/die Prüfende auf die Aufgabenstellung hin und fordert ihn/sie auf, es noch einmal zu versuchen.
- Wenn eine Frage/Aufforderung/Bitte unverständlich ist, formuliert sie der/die Prüfende richtig.

Strategie

Sieh dir die Karte genau an und überlege:
a) Was zeigt die Karte? Wie heißt dieser Gegenstand auf Deutsch?
b) Steht auf der Karte ein Fragezeichen? Dann musst du eine Frage stellen. Wenn du ein Ausrufezeichen siehst, sollst du eine Aufforderung/Bitte formulieren.

Es gibt keine Vorbereitungszeit, aber die Prüfenden warten immer so lange, bis du überlegt hast, wie du deine Frage/Bitte bzw. Antwort formulieren möchtest.

Deine Frage bzw. Aufforderung/Bitte muss selbstverständlich zur Situation passen und problemlos zu verstehen sein. Leichte Fehler in Grammatik, Syntax oder Wortwahl können vorkommen und sind nicht so schlimm.

Die Reaktion auf eine Frage bzw. Aufforderung/Bitte muss nicht unbedingt nur ein Satz sein, es kann manchmal auch eine Handbewegung und ein oder zwei Wörter sein.

Sprechen Teil 3: Training

1 Sieh die Kärtchen an. Ordne zu: Welche Sätze passen zu welchem Kärtchen?

a

b

1 Hast du einen Bleistift?
2 Gib mir bitte den Bleistift!

3 Nimm den Bleistift!
4 Wo ist mein Bleistift?

2 Lies die Fragen und Aufforderungen in 1 noch einmal und ordne Sie den Antworten zu.

☐ Hier, bitte.

☐ Nein, ich habe leider auch keinen Bleistift.

☐ Dein Bleistift ist in deiner Tasche.

☐ Okay, ich nehme den Bleistift.

3 Schreibe zu den Kärtchen jeweils eine Frage oder Bitte/Aufforderung und eine Antwort/Reaktion.

a

b

_____
_____

_____
_____

4 Welches Kärtchen passt? Ordne zu und ergänze die Dialoge.

a

b

● Hast du einen Hund?
▶ _____

● _____
▶ Ihr Saft kommt sofort!

Sprechen Teil 3

Bitten, Aufforderungen oder Fragen formulieren und darauf antworten oder reagieren.

Beispiel

Prüfer*in A: *Spielst du gern Fußball?*

Prüfer*in B: *Nein, ich spiele nicht gerne Fußball. Ich spiele gern Basketball.*

2 Hören

Teil 1

Hören Teil 1

*Du hörst **drei** Nachrichten am Telefon.*
Zu jeder Nachricht gibt es Aufgaben.
Kreuze an: a, b, oder c.
*Du hörst jede Nachricht **zweimal**.*

Beispiel

0   Was kann Martin heute essen?

a Fisch.   ☒ Pizza und Salat.   c Tomatensalat.

Lies die Aufgaben 1 und 2.

1   Was hat Anton nicht mehr?

a Sein Handy.   b Die Telefonnummern.   c Seine Videokamera.

2   Die Reparatur dauert

a einen Tag.   b zwei Tage.   c drei Tage.

*Jetzt hörst du die **erste** Nachricht am Telefon.*
*Du hörst die erste Nachricht **noch einmal**.*
*Markiere **dann** die Lösung zu Aufgabe 1 und 2.*

Hören

Teil 1

Lies die Aufgaben 3 und 4.

3 Seline schreibt einen Test in

a Englisch.   b Chemie.   c Musik.

4 Die Karten für das Konzert gibt es schon

a am 25. Mai.   b am 25. April.   c am 15. April.

*Jetzt hörst du die **zweite** Nachricht am Telefon. Du hörst die zweite Nachricht **noch einmal**.*
*Markiere **dann** die Lösung zu Aufgabe 3 und 4.*

Lies die Aufgaben 5 und 6.

5 Petros kommt aus

a Paris.   b Hamburg.   c Kreta.

6 Aurelia möchte Petros

a ein Wörterbuch schicken.   b ein Foto schicken.   c einen Brief schicken.

*Jetzt hörst du die **dritte** Nachricht am Telefon. Du hörst die dritte Nachricht **noch einmal**.*
*Markiere **dann** die Lösung zu Aufgabe 5 und 6.*

2 Hören
Teil 2

🔊 Hören Teil 2

*Du hörst **zwei** Gespräche.*
Zu jedem Gespräch gibt es Aufgaben.
Kreuze an: richtig oder falsch.
*Du hörst jedes Gespräch **zweimal**.*

Beispiel

0	Die Schwester von Jonas schreibt zwei Tests.	~~Richtig~~ Falsch

Lies die Sätze 7, 8 und 9.

7	Ina macht die ganze Woche Sport.	Richtig	Falsch
8	Ina fährt zehn Kilometer Fahrrad.	Richtig	Falsch
9	Bellas Mutter isst keinen Fisch.	Richtig	Falsch

*Jetzt hörst du das **erste** Gespräch.*
*Du hörst das erste Gespräch **noch einmal**.*
*Markiere **dann** für die Sätze 7, 8 und 9: richtig oder falsch.*

Lies die Sätze 10, 11 und 12.

10	Niklas fährt nach Köln.	Richtig	Falsch
11	Niklas ist einen Tag bei den deutschen Fußballnationalspielern.	Richtig	Falsch
12	Niklas macht ein Interview mit allen Spielern.	Richtig	Falsch

*Jetzt hörst du das **zweite** Gespräch.*
*Du hörst das zweite Gespräch **noch einmal**.*
*Markiere **dann** für die Sätze 10, 11 und 12: richtig oder falsch.*

*Schreibe jetzt deine Lösungen 1 bis 12 auf den **Antwortbogen**.*

Ende des Prüfungsteils Hören.

Lesen

Teil 1

Lesen Teil 1

Lies bitte die zwei Anzeigen aus der Zeitung.

Anzeige 1

Fotografieren macht Spaß, aber nicht allein!

Hi! Wir sind Schüler*innen zwischen 14 und 18 Jahren und fotografieren gerne. Wir machen Ausflüge in schöne Städte in Deutschland und manchmal reisen wir auch ins Ausland. Im Dezember besuchen wir die Schweiz. Unsere Fotos kannst du auf unserer Internetseite sehen.

Fotografierst du auch gerne? Wenn du keinen eigenen Fotoapparat hast, kannst du einen von unserem Club benutzen.

Komm uns kennenlernen!

Jeden Montag, Mittwoch, Samstag und Sonntag von 9 bis 14 Uhr in unserem Club, Willstraße 7.

Anzeige 2

Tiere und Co.

Liebst du Tiere und gehst gerne in den Zoo? Dann haben wir etwas Interessantes für dich: Du kannst in den Sommerferien im Berliner Zoo arbeiten und etwas Taschengeld verdienen! Vier Wochen lang hilfst du am Samstag und Sonntag von 10 bis 15 Uhr im Zoo. Du gibst den Tieren Essen und hilfst beim Saubermachen. **Bist du mindestens 12 Jahre alt, dann sprich mit deinen Eltern und komm uns einmal besuchen.** Unser Büro ist jeden Tag von 9 bis 17 Uhr geöffnet.

Lesen

Teil 1

Aufgaben 1 bis 6.
Kreuze an: a, b, oder c.

Beispiel zu Anzeige 1

0   Das ist eine Anzeige für Jugendliche, die …
    a Ausflüge organisieren.
    b im Ausland wohnen.
    ☒ gern fotografieren.

Anzeige 1

1   Was ist Fotografieren für diese Jugendlichen?
    a Ihr Hobby.
    b Ihr Beruf.
    c Ein Fach in der Schule.

2   Was bekommt man vom Club?
    a Viele Fotos.
    b Einen Fotoapparat.
    c Ein Reiseticket.

3   Wann ist der Fotoclub offen?
    a Von Montag bis Donnerstag.
    b Auch am Wochenende.
    c Jeden Montag, Mittwoch und Freitag.

Anzeige 2

4   Wie lange dauert die Arbeit im Zoo?
    a Vier Tage.
    b Vier Wochen.
    c Vier Monate.

5   Was müssen die Helfer tun?
    a Den Tieren Essen geben.
    b Mit den Tieren spazieren gehen.
    c Mit den Tieren schwimmen.

6   Wie alt müssen die Helfer sein?
    a 10 bis 15 Jahre alt.
    b Nicht älter als 12.
    c Nicht jünger als 12.

Lesen Teil 2

*In einer Zeitschrift findest du zwei Texte über Jugendliche in Deutschland.
Lies bitte die Beschreibungen.*

Beschreibung 1

Hi! Mein Name ist Lara. Ich komme aus Belgien, aber ich lebe mit meiner Familie seit drei Jahren in Trier. Mein Vater war ein Jahr arbeitslos, jetzt arbeitet er als Architekt in einer großen Firma. Meine Mutter ist Hausfrau. Es ist nicht leicht für sie, eine Arbeit zu finden, weil wir eine große Familie sind. Ich habe drei kleine Geschwister. Wir haben ein sehr großes Haus mit Garten. Am Wochenende laden wir oft Freunde ein und essen zusammen.

Beschreibung 2

Ich heiße Bea. Ich bin 15 Jahre alt und lebe mit meiner Mutter in Nürnberg. Nürnberg liegt in Bayern und ist nach München die zweitgrößte Stadt in Süddeutschland. Ich tanze sehr gern Balett! Seit zehn Jahren besuche ich eine Tanzschule. Meine Lehrerin sagt, dass ich Talent habe. Tanzen macht mir viel Spaß! Im Sommer besuche ich meinen Vater in Italien. Er ist Fotograf und lebt in Neapel. Nächste Woche ist eine große Computer-Show in Rom und er macht Fotos für eine Computerzeitschrift. Das finde ich einfach toll.

Lesen
Teil 2

Aufgaben 7 bis 12. Was ist richtig und was ist falsch?

Beispiel zu Beschreibung 1

0   Laras Vater hatte für ein Jahr keine Arbeit.   ~~Richtig~~ | Falsch

Beschreibung 1

7   Laras Mutter arbeitet nicht.   Richtig | Falsch

8   Lara ist das älteste Kind in der Familie.   Richtig | Falsch

9   Lara lädt jedes Wochenende ihre Freunde ein.   Richtig | Falsch

Beschreibung 2

10   Bea wohnt in München.   Richtig | Falsch

11   Bea tanzt sehr gut.   Richtig | Falsch

12   Beas Vater ist Chef einer Zeitschrift für Computer.   Richtig | Falsch

Schreiben

Schreiben

Du hast diese E-Mail bekommen.
Antworte darauf bitte mit mindestens 30 Wörtern.
*Schreibe bitte **nicht** mit Bleistift.*

Hallo!

Mein Name ist Dejan, ich bin 14 Jahre alt und komme aus Kroatien. Kroatien ist ein schönes Land mit vielen Inseln und Stränden. Hier ist das Wetter im Sommer immer gut. Ich habe lange Sommerferien. Möchtest du mich im Sommer besuchen?

Schreib mir bitte bald!

dejanjuric@example.com

2 Sprechen

Teil 1 und Teil 2

Sprechen Teil 1

Siehe Seite 29.

Sprechen Teil 2

Fragen stellen und auf Fragen antworten

Beispiel

Thema: Familie

Onkel/Tante

Prüfer*in A: *Siehst du deinen Onkel / deine Tante oft?*

Prüfer*in B: *Ja, immer am Wochenende.*

Thema: Familie

Beruf der Eltern

Thema: Familie

Geschwister

Thema: Familie

Großeltern

Thema: Familie

Ferien

Thema: Familie

wohnen

Thema: Familie

Wochenende

Sprechen Teil 3

Bitten, Aufforderungen oder Fragen formulieren und darauf antworten oder reagieren.

Beispiel

Prüfer*in A: *Räum bitte dein Zimmer auf!*

Prüfer*in B: *Einen Moment bitte.*

3 Hören

Teil 1

🔊 Hören Teil 1

*Du hörst **drei** Nachrichten am Telefon.*
Zu jeder Nachricht gibt es Aufgaben.
Kreuze an: a, b, oder c.
*Du hörst jede Nachricht **zweimal**.*

Beispiel

0 Warum fährt das Auto nicht?

a Es hat kein Benzin.   ☒ Der Motor ist kaputt.   c Es hat einen kaputten Reifen.

Lies die Aufgaben 1 und 2.

1 Was hat Nicks Oma gekauft?

a Einen neuen Fernseher.   b Einen neuen Computer.   c Ein neues Smartphone.

2 Nick mag den Käsekuchen

a von seiner Mutter.   b von seiner Großmutter.   c von seiner Schwester.

*Jetzt hörst du die **erste** Nachricht am Telefon.*
*Du hörst die erste Nachricht **noch einmal**.*
*Markiere **dann** die Lösung zu Aufgabe 1 und 2.*

Hören

Teil 1

Lies die Aufgaben 3 und 4.

3 Morgen Mittag gibt es

a Wurst mit Kartoffelsalat.   b Fisch mit Reis.   c Schnitzel mit Reis und Salat.

4 Julius soll im Supermarkt

a Reis kaufen.   b Mineralwasser kaufen.   c eine Schokoladentorte kaufen.

*Jetzt hörst du die **zweite** Nachricht am Telefon. Du hörst die zweite Nachricht **noch einmal**. Markiere **dann** die Lösung zu Aufgabe 3 und 4.*

Lies die Aufgaben 5 und 6.

5 Wie lange darf Lucia jeden Tag an den Computer?

a 15 Minuten.   b 30 Minuten.   c 45 Minuten.

6 Lucia braucht ihren Computer

a für die Schule.   b zum Schreiben von E-Mails.   c zum Spielen.

*Jetzt hörst du die **dritte** Nachricht am Telefon. Du hörst die dritte Nachricht **noch einmal**. Markiere **dann** die Lösung zu Aufgabe 5 und 6.*

3 Hören — Teil 2

Hören Teil 2

*Du hörst **zwei** Gespräche.*
Zu jedem Gespräch gibt es Aufgaben.
Kreuze an: richtig oder falsch.
*Du hörst jedes Gespräch **zweimal**.*

Beispiel

| 0 | Marina wohnt seit einem Monat in der neuen Wohnung. | Richtig | ~~Falsch~~ |

Lies die Sätze 7, 8 und 9.

7	Übermorgen beginnen die Winterferien.	Richtig	Falsch
8	Celine und Flora fahren zusammen in die Schweiz.	Richtig	Falsch
9	Celine hat jeden Tag Training.	Richtig	Falsch

*Jetzt hörst du das **erste** Gespräch.*
*Du hörst das erste Gespräch **noch einmal**.*
*Markiere **dann** für die Sätze 7, 8 und 9: richtig oder falsch.*

Lies die Sätze 10, 11 und 12.

10	Andreas bekommt zum Geburtstag einen Hund.	Richtig	Falsch
11	Andreas hat am Wochenende Theaterprobe.	Richtig	Falsch
12	Gustav und Andreas gehen mit Freunden ein Eis essen.	Richtig	Falsch

*Jetzt hörst du das **zweite** Gespräch.*
*Du hörst das zweite Gespräch **noch einmal**.*
*Markiere **dann** für die Sätze 10, 11 und 12: richtig oder falsch.*

*Schreibe jetzt deine Lösungen 1 bis 12 auf den **Antwortbogen**.*

Ende des Prüfungsteils Hören.

Lesen

Teil 1

Lesen Teil 1

Lies bitte die zwei Anzeigen aus der Zeitung.

Anzeige 1

Weihnachten ist da!

Hi! Wir sind die Schüler der Zugspitzschule und haben am Samstag von 15 bis 19 Uhr ein tolles Weihnachtsprogramm für euch. Wir backen zusammen Plätzchen und Christstollen. Von 18 bis 18.30 Uhr singt unser Chor schöne Weihnachtslieder. In der Turnhalle kannst du auch Weihnachtsschmuck kaufen. Und im großen Saal gibt es für alle Pizza, Wurst- und Käsebrötchen und Hotdogs.

Wir freuen uns auf deinen Besuch!

Anzeige 2

Wir feiern!

Unser Geschäft wird dieses Jahr 40 Jahre alt! Wir möchten diesen Geburtstag mit euch feiern. Vom 1. bis zum 25. März gibt es viele tolle Stifte für 1 Euro. Hefte für die Schule kosten nur 50 Cent. Alles für den Computer gibt es zum halben Preis. Und einer von euch kann einen supermodernen Laptop gewinnen! Wie? Ganz einfach: Macht ein Foto von eurem alten Computer oder Laptop und schickt es uns. Viel Glück!

3 Lesen
Teil 1

Aufgaben 1 bis 6.
Kreuze an: a, b, oder c.

Beispiel zu Anzeige 1

0   Wann beginnt die Feier?
    ☒ Um 15.00 Uhr.
    b Um 18.00 Uhr.
    c Um 18.30 Uhr.

Anzeige 1

1   Wie lange singt der Chor?
    a Eine halbe Stunde.
    b Eine Stunde.
    c Vier Stunden.

2   Was kann man in der Turnhalle machen?
    a Plätzchen backen.
    b Essen und trinken.
    c Weihnachtsschmuck kaufen.

3   Was gibt es zu essen?
    a Pizza und Brötchen.
    b Warme Suppe.
    c Stollen.

Anzeige 2

4   Wie viel kosten die Stifte?
    a 50 Cent.
    b 1 Euro.
    c Nur 2,50 Euro.

5   Was kann man im Geschäft kaufen?
    a Sachen für den Computer.
    b Schreibtische.
    c Kameras.

6   Was kann man gewinnen?
    a Einen Laptop.
    b Einen PC.
    c Ein Smartphone.

Lesen Teil 2

*In einer Zeitschrift findest du zwei Texte über Jugendliche in Deutschland.
Lies bitte die Beschreibungen.*

Beschreibung 1

Hi! Mein Name ist Mehmet und ich bin 15 Jahre alt. Ich komme aus der Türkei. Meine Eltern haben seit zehn Jahren ein Baklava-Geschäft in Köln. Baklava ist ein traditioneller Kuchen aus der Türkei. Dazu trinkt man Tee. Mein bester Freund heißt Luigi, ich kenne ihn aus dem Kindergarten. Im Sommer fliegen wir nach Italien und besuchen seine Großeltern auf Sizilien. Dort bleiben wir zwei Wochen. Dann fliegen wir nach Istanbul. Wir besuchen das Topkapi-Museum und fahren mit dem Schiff auf dem Bosporus. Wir freuen uns sehr darauf!

Beschreibung 2

Hallo, mein Name ist Sven. Ich bin 12 und lebe mit meinen Eltern in Osnabrück. Ich habe keine Geschwister, aber in zwei Monaten kommt unser Baby! Es ist ein Junge! Ich freue mich auf meinen Bruder! Wir können bald zusammen Fußball spielen. Ich liebe Fußball. Ich habe auch ein Hobby, das meine Mutter gar nicht mag: Schlafen! Ich schlafe im Auto, auf dem Sofa und manchmal im Musikunterricht. Ich finde Musik sehr langweilig. Am Wochenende schlafe ich sehr lange. Manchmal bis um 10 Uhr!

3 Lesen
Teil 2

Aufgaben 7 bis 12. Was ist richtig und was ist falsch?

Beispiel zu Beschreibung 1

0	Mehmet ist zehn Jahre alt.	Richtig / ~~Falsch~~

Beschreibung 1

Nr.	Aussage	Richtig	Falsch
7	Mehmet lebt in der Türkei.	Richtig	Falsch
8	Baklava ist ein Getränk.	Richtig	Falsch
9	Luigis Opa und Oma leben auf Sizilien.	Richtig	Falsch

Beschreibung 2

Nr.	Aussage	Richtig	Falsch
10	Sven hat bald einen Bruder.	Richtig	Falsch
11	Sven spielt gerne Fußball.	Richtig	Falsch
12	Sven schläft jeden Tag zehn Stunden.	Richtig	Falsch

Schreiben

Schreiben

Du hast diese E-Mail bekommen.
Antworte darauf bitte mit mindestens 30 Wörtern.
*Schreibe bitte **nicht** mit Bleistift.*

Hallo!

Ich heiße Juan und bin 16 Jahre alt. Mit meiner Familie lebe ich in Barcelona. Ich spreche Katalanisch, Englisch und Deutsch. Ich gehe seit vier Jahren in eine Musikschule und lerne Klavier. Dort treffe ich auch meine Freunde. Ich höre gern Musik, am liebsten Rock. Wer mag auch Musik und möchte mir schreiben?

juandelarosa@example.com

3 Sprechen

Teil 1 und Teil 2

Sprechen Teil 1

Siehe Seite 29.

Sprechen Teil 2

Fragen stellen und auf Fragen antworten

Beispiel

Thema: Schule

Noten

Prüfer*in A: Bekommst du gute Noten in der Schule?

Prüfer*in B: Ja, ich bin sehr fleißig.

Thema: Schule

Klasse

Thema: Schule

Lieblingsfach

Thema: Schule

Lehrer/Lehrerin

Thema: Schule

Hausaufgaben

Thema: Schule

schreiben

Thema: Schule

wie weit?

Sprechen Teil 3

Bitten, Aufforderungen oder Fragen formulieren und darauf antworten oder reagieren.

Beispiel

Prüfer*in A: *Mach bitte die Lampe an!*

Prüfer*in B: *Ja, sofort.*

4 Hören

Teil 1

🔊 Hören Teil 1

*Du hörst **drei** Nachrichten am Telefon.*
Zu jeder Nachricht gibt es Aufgaben.
Kreuze an: a, b, oder c.
*Du hörst jede Nachricht **zweimal**.*

Beispiel

0   Wie ist das Wetter in Portugal?

☒ Warm und sonnig.   b Kalt.   c Viel Regen.

Lies die Aufgaben 1 und 2.

1 Dem Fußballtrainer tut

a der Hals weh.   b der Kopf weh.   c der Fuß weh.

2 Carlos und sein Vater

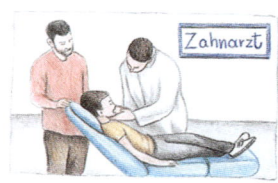  

a gehen abends zum Zahnarzt.   b bestellen abends Burger und Tacos.   c sehen sich abends ein Fußballspiel an.

*Jetzt hörst du die **erste** Nachricht am Telefon.*
*Du hörst die erste Nachricht **noch einmal**.*
*Markiere **dann** die Lösung zu Aufgabe 1 und 2.*

Hören

Teil 1

Lies die Aufgaben 3 und 4.

3 Max kauft für seine Mutter

[a] eine Torte mit Vanillecreme. [b] eine Schokoladentorte. [c] eine Erdbeertorte.

4 Max schenkt seiner Mutter

[a] einen Ring. [b] eine Reise nach Wien. [c] eine Uhr.

*Jetzt hörst du die **zweite** Nachricht am Telefon. Du hörst die zweite Nachricht **noch einmal**. Markiere **dann** die Lösung zu Aufgabe 3 und 4.*

Lies die Aufgaben 5 und 6.

5 Lunas Haare sind

[a] lang. [b] nicht sehr lang. [c] kurz.

6 Tilda möchte zur Party

[a] ein Kleid tragen. [b] einen Rock tragen. [c] eine Jeans mit T-Shirt tragen.

*Jetzt hörst du die **dritte** Nachricht am Telefon. Du hörst die dritte Nachricht **noch einmal**. Markiere **dann** die Lösung zu Aufgabe 5 und 6.*

Hören Teil 2

Du hörst *zwei* Gespräche.
Zu jedem Gespräch gibt es Aufgaben.
Kreuze an: richtig oder falsch.
Du hörst jedes Gespräch **zweimal**.

Beispiel

0	Maja und Marlene treffen sich bei Marlene.	Richtig	~~Falsch~~

Lies die Sätze 7, 8 und 9.

7	Olivia lernt seit drei Tagen Spanisch.	Richtig	Falsch
8	Die Großeltern von Lina sind Spanier.	Richtig	Falsch
9	Olivia und Lina fliegen im Sommer nach Spanien.	Richtig	Falsch

*Jetzt hörst du das **erste** Gespräch.*
*Du hörst das erste Gespräch **noch einmal**.*
*Markiere **dann** für die Sätze 7, 8 und 9: richtig oder falsch.*

Lies die Sätze 10, 11 und 12.

10	Armin ist in Mathe ganz schlecht.	Richtig	Falsch
11	Romina kann Armin nicht viel helfen.	Richtig	Falsch
12	Romina muss morgen bei ihrer Schwester bleiben.	Richtig	Falsch

*Jetzt hörst du das **zweite** Gespräch.*
*Du hörst das zweite Gespräch **noch einmal**.*
*Markiere **dann** für die Sätze 10, 11 und 12: richtig oder falsch.*

*Schreibe jetzt deine Lösungen 1 bis 12 auf den **Antwortbogen**.*

Ende des Prüfungsteils Hören.

Lesen

Teil 1

Lesen Teil 1

Lies bitte die zwei Anzeigen aus der Zeitung.

Anzeige 1

Lasst uns wandern gehen!

Liebst du die Natur und gehst gern wandern?

Dann komm mit uns wandern! Wir sind Jungs und Mädchen zwischen 12 und 15 Jahren. Jedes Wochenende machen wir eine Wandertour. Hast du Interesse und bist so alt wie wir? Dann kannst du am kommenden Samstag eine Probetour mit uns machen. Die Wanderung ist von 10 bis 14 Uhr im Thüringer Wald. Wir machen eine Stunde Pause. **Das brauchst du:** eine Flasche Wasser, ein Wurst- oder Käsebrot, Sportschuhe, bequeme Kleidung und einen Hut. Wenn du Fragen hast, schick uns eine E-Mail an: wanderfans@example.com oder ruf uns an: 0911/262317.

Anzeige 2

Der Osterhase braucht deine Hilfe!

Der Frühling ist da und in ein paar Tagen ist Ostern! Draußen ist es sonnig und warm, das ideale Wetter für einen Spaziergang im Park.
Am Donnerstag, den 02. April kannst du von 11 bis 17 Uhr im Stadtpark nach Ostereiern suchen!
Der Osterhase Rudi hilft dir! Er wartet von 12 bis 14 Uhr vor dem Kiosk am Eingang auf dich. Du kannst tolle Sachen gewinnen: T-Shirts, Schokoladeneier und Hörbücher. Kinder unter sechs Jahren zahlen fürs Mitmachen nichts, Kinder ab sechs Jahren zahlen zwei Euro, Erwachsene fünf Euro. Familien mit Kindern zahlen den halben Preis.

4 Lesen
Teil 1

Aufgaben 1 bis 6.
Kreuze an: a , b , *oder* c .

Beispiel zu Anzeige 1

0 Das ist eine Anzeige für
  a ein Sporttreffen am Wochenende.
  ☒ eine Wanderung im Wald.
  c eine Radtour in der Natur.

Anzeige 1

1 Wer kann bei den Wanderungen mitmachen?
  a Kinder und Erwachsene.
  b Mädchen und Jungen zwischen 12 und 15 Jahren.
  c Kinder, die die Natur nicht kennen.

2 Wann kann man eine Probetour machen?
  a Jeden Sonntag von 10 bis 14 Uhr.
  b Jedes Wochenende.
  c Diesen Samstag.

3 Wie kann man mit dem Club in Kontakt kommen?
  a Einen Brief schreiben.
  b Telefonieren.
  c Das Club-Büro besuchen.

Anzeige 2

4 Man kann im Park
  a Ostereier kaufen.
  b Ostereier suchen.
  c Ostereier kochen.

5 Was kann man gewinnen?
  a Einen großen Osterhasen.
  b Ostereier aus Schokolade.
  c Comics.

6 Wer bezahlt keinen Eintritt?
  a Kinder bis sechs Jahre.
  b Familien mit zwei Kindern.
  c Die Eltern von den Kindern.

Lesen Teil 2

*In einer Zeitschrift findest du zwei Texte über Jugendliche in Deutschland.
Lies bitte die Beschreibungen.*

Beschreibung 1

Hallo ich bin Gerd! Ich komme aus Amsterdam und lebe seit drei Jahren mit meiner Mutter und meinem Bruder in Aachen. Mein Vater lebt in Dubai. Er ist Pilot und reist viel. Zweimal im Monat besucht er uns. Meine große Liebe ist Sport und besonders Basketballspielen. Mit meinem besten Freund Jonas bin ich in der Jugendmannschaft des BC Ajax. Ich trainiere jeden Tag und auch am Wochenende, denn ich möchte als Basketballspieler mein Geld verdienen. Nächsten Monat fliege ich mit meinem Bruder und Jonas nach Spanien, um das Spiel zwischen BC Barcelona und BC Ajax zu sehen. Das ist ganz toll!

Beschreibung 2

Hi! Mein Name ist Antje. Ich bin 16 Jahre alt und lebe mit meiner Familie in Braunschweig. Mein Vater ist Mathematiklehrer und meine Mutter Englischlehrerin. Beide arbeiten in einer Schule. Ich gehe sehr gern zur Schule und habe sehr gute Noten. Meine Lieblingsfächer sind Englisch, Mathe und Sport. In meiner Freizeit treibe ich sehr gern Sport. Ich reite und schwimme. Ich bin in einem Schwimmclub, dort mache ich Wasserspringen. Es ist fantastisch. Ich möchte gern Sportlehrerin werden und Kinder trainieren.

4 Lesen
Teil 2

Aufgaben 7 bis 12. Was ist richtig und was ist falsch?

Beispiel zu Beschreibung 1

| 0 | Gerds Vater kommt aus Dubai. | Richtig | ~~Falsch~~ |

Beschreibung 1

7	Der Vater von Gerd besucht ihn jede Woche.	Richtig	Falsch
8	Gerd trainiert siebenmal pro Woche.	Richtig	Falsch
9	Gerd macht bald eine Reise nach Spanien.	Richtig	Falsch

Beschreibung 2

10	Antjes Mutter kommt aus England.	Richtig	Falsch
11	Antje mag die Schule sehr gern.	Richtig	Falsch
12	In ihrer Freizeit trainiert Antje Kinder.	Richtig	Falsch

Schreiben

Schreiben

Du hast diese E-Mail bekommen.
Antworte darauf bitte mit mindestens 30 Wörtern.
*Schreibe bitte **nicht** mit Bleistift.*

Hallo!

Ich heiße Sonja und bin 12 Jahre alt. Ich komme aus Österreich, aus Salzburg. Ich habe viele Freunde und am Wochenende gehen wir gern ins Kino. Mein Lieblingsfach ist Mathe. Was ist dein Lieblingsfach? Was machst du gern am Wochenende?

Schreib mir bitte bald!

sonjawagner@example.com

4 Sprechen

Teil 1 und Teil 2

Sprechen Teil 1

Siehe Seite 29.

Sprechen Teil 2

Fragen stellen und auf Fragen antworten

Beispiel

Thema: Essen – Trinken

gesund

Prüfer*in A: *Was ist gesundes Essen?*
Prüfer*in B: *Viel Obst und viel Gemüse.*

Thema: Essen – Trinken

kochen

Thema: Essen – Trinken

Lieblingsessen

Thema: Essen – Trinken

nicht schmecken

Thema: Essen – Trinken

Fast Food

Thema: Essen – Trinken

Frühstück

Thema: Essen – Trinken

trinken

Sprechen Teil 3

Bitten, Aufforderungen oder Fragen formulieren und darauf antworten oder reagieren.

Beispiel

Prüfer*in A: *Isst du gern Pizza?*

Prüfer*in B: *Nein, Pizza esse ich nicht gern.*

5 Hören

Teil 1

🔊 Hören Teil 1

*Du hörst **drei** Nachrichten am Telefon.*
Zu jeder Nachricht gibt es Aufgaben.
Kreuze an: a , b , oder c .
*Du hörst jede Nachricht **zweimal**.*

Beispiel

0   Was möchte Kevin essen?

a Pizza Salami und Salat.   ☒ Pizza Salami und Tiramisu.   c Tiramisu und Vanilleeis.

Lies die Aufgaben 1 und 2.

1   Peter und Pascal schreiben einen Test in

a Mathe und Musik.   b Musik und Biologie.   c Mathe und Biologie.

2   Sie müssen wiederholen:

a die Seiten 22 bis 30.   b Kapitel zwei und drei.   c das Leben von Mozart.

*Jetzt hörst du die **erste** Nachricht am Telefon.*
*Du hörst die erste Nachricht **noch einmal**.*
*Markiere **dann** die Lösung zu Aufgabe 1 und 2.*

Hören

Teil 1

Lies die Aufgaben 3 und 4.

3 Mit wem war Thea heute zusammen auf dem Spielplatz?

a Mit ihrem Opa.   b Mit ihrem Freund Xaver.   c Mit ihrem Vater.

4 Die Schultasche von Thea ist

a weiß mit schwarzen Hunden.   b rosa mit blauen Blumen.   c rot mit weißen Katzen.

*Jetzt hörst du die **zweite** Nachricht am Telefon. Du hörst die zweite Nachricht **noch einmal**.*
*Markiere **dann** die Lösung zu Aufgabe 3 und 4.*

Lies die Aufgaben 5 und 6.

5 Christa sucht ihr Wörterbuch

a in ihrem Zimmer.   b in der Schule.   c in ihrer Sporttasche.

6 Christa bekommt das Wörterbuch von Alex

a nach dem Basketballtraining.   b morgen in der Schule.   c vor dem Basketballtraining.

*Jetzt hörst du die **dritte** Nachricht am Telefon. Du hörst die dritte Nachricht **noch einmal**.*
*Markiere **dann** die Lösung zu Aufgabe 5 und 6.*

5 Hören
Teil 2

🔊 Hören Teil 2

*Du hörst **zwei** Gespräche.*
Zu jedem Gespräch gibt es Aufgaben.
Kreuze an: richtig oder falsch.
*Du hörst jedes Gespräch **zweimal**.*

Beispiel

0	Max liebt Pferde.	~~Richtig~~	Falsch

Lies die Sätze 7, 8 und 9.

7	Paul arbeitet jeden Tag in einem Supermarkt.	Richtig	Falsch
8	Paul braucht Geld für ein neues Handy.	Richtig	Falsch
9	Thomas hat gleich einen Test in Mathe.	Richtig	Falsch

*Jetzt hörst du das **erste** Gespräch.*
*Du hörst das erste Gespräch **noch einmal**.*
*Markiere **dann** für die Sätze 7, 8 und 9: richtig oder falsch.*

Lies die Sätze 10, 11 und 12.

10	Kira lernt in der Schule backen.	Richtig	Falsch
11	Johanna findet ihre Schule toll.	Richtig	Falsch
12	Kira trifft Johanna am Wochenende.	Richtig	Falsch

*Jetzt hörst du das **zweite** Gespräch.*
*Du hörst das zweite Gespräch **noch einmal**.*
*Markiere **dann** für die Sätze 10, 11 und 12: richtig oder falsch.*

*Schreibe jetzt deine Lösungen 1 bis 12 auf den **Antwortbogen**.*

Ende des Prüfungsteils Hören.

Lesen

Teil 1

Lesen Teil 1

Lies bitte die zwei Anzeigen aus der Zeitung.

Anzeige 1

Italien kommt nach Berlin! – Große Ausstellung

Vom 19. Dezember bis 02. Januar „Bella Italia" in der Emil-Fischer-Schule!

- Pizza backen wie beim Italiener
- Iss soviel Pizza und Tiramisu wie du willst

Fußballausstellung in der Turnhalle:
Fotos und Videos von italienischen Fußballmannschaften und eine Torwand

Am letzten Tag machen wir eine große Party und du kannst viele schöne Sachen gewinnen: eine Reise nach Rom für drei Tage für dich und deine Familie, einen ganzen Monat kostenlos in der Pizzeria Presto essen und zehn Kinokarten!

Eintritt Kinder bis 5 Jahre: kostenlos • Schüler: 1,00 Euro • Eltern und Lehrer: 2,50 Euro

Anzeige 2

Kommt ins Spiele-Land!

Im Spiele-Land haben alle Spaß – Groß und Klein! Du kannst zu uns mit dem Auto, dem Zug oder dem Bus kommen. Entdecke das Land der Dinosaurier oder das Land der Piraten. Du kannst mit Bausteinen eine Burg oder ein Schiff bauen.

+++ **Am Ende bekommst du ein Bau-Diplom!** +++

Leckeres Essen im „Piraten-Restaurant"! Für Kinder von 6 bis 12 Jahre gibt es tolle Menüs mit Burger, Pommes, Saft und einem Lego-Geschenk.
Kinder bis 8 Jahre zahlen keinen Eintritt, Erwachsene und Kinder ab acht Jahren zahlen 4 Euro.
Familienspecial: Jeden Samstag und Sonntag haben Familien mit Kindern freien Eintritt.

5 Lesen
Teil 1

Aufgaben 1 bis 6.
Kreuze an: a , b , oder c .

Beispiel zu Anzeige 1

0 Das ist eine Anzeige für Leute,
   ☒ a die sich für Italien interessieren.
   ☐ b die Fußball spielen möchten.
   ☐ c die sich ein neues Auto kaufen wollen.

Anzeige 1

1 Was kann man in der Turnhalle sehen?
   ☐ a Ein Fußballspiel.
   ☐ b Fotos aus Rom.
   ☐ c Informationen über italienische Fußballmannschaften.

2 Die Party ist
   ☐ a am 2. Januar.
   ☐ b am 25. Dezember.
   ☐ c am 31. Dezember.

3 Man kann
   ☐ a eine Reise nach Italien gewinnen.
   ☐ b Tickets für ein Fußballspiel gewinnen.
   ☐ c eine Pizza gewinnen.

Anzeige 2

4 Wie kommt man zum Lego-Land?
   ☐ a Nur mit dem Auto.
   ☐ b Nur mit dem Bus oder dem Zug.
   ☐ c Mit dem Auto, dem Bus oder dem Zug.

5 Man kann mit Legosteinen
   ☐ a einen Dinosaurier bauen.
   ☐ b ein Schiff bauen.
   ☐ c ein Haus bauen.

6 Wann zahlen Familien nichts?
   ☐ a Am Wochenende.
   ☐ b Von Montag bis Freitag.
   ☐ c Jeden Tag.

Lesen Teil 2

*In einer Zeitschrift findest du zwei Texte über Jugendliche in Deutschland.
Lies bitte die Beschreibungen.*

Beschreibung 1

Hallo, ich bin Antonia! Ich bin 16 Jahre alt, komme aus Polen und lebe zurzeit mit meinen Großeltern in Marburg. Ich habe einen Bruder, er studiert Medizin und eine Schwester, sie studiert Informatik. Meine Eltern leben seit drei Jahren in Österreich. Sie arbeiten in einem Hotel in Salzburg. Mein Vater arbeitet dort als Elektriker und meine Mutter als Köchin. Ich liebe Fremdsprachen. Ich spreche sehr gut Polnisch, Deutsch und Englisch. Nächsten Monat beginne ich mit Spanisch. Wenn ich 18 werde, möchte ich nach Österreich zu meinen Eltern fahren und dort Architektur studieren.

Beschreibung 2

Hi! Mein Name ist Katerina. Ich bin 15 Jahre alt und lebe mit meiner Mutter in München. Ich bin in Deutschland geboren. Mein Vater kommt aus Norwegen und meine Mutter aus der Schweiz. Ich spreche sehr gut Deutsch und Französisch. Norwegisch finde ich sehr schwierig. Ich liebe Musik! Seit ich fünf Jahre alt bin, lerne ich Klavier und mit meinen zwei besten Freundinnen habe ich eine Musikband. Wir singen und spielen auf der Weihnachtsfeier von unserer Schule. Das finde ich toll! Wir üben jeden Tag. Meine Musiklehrerin sagt, dass ich eine sehr gute Stimme habe. Vielleicht werde ich Sängerin oder Klavierlehrerin.

5 Lesen
Teil 2

Aufgaben 7 bis 12. Was ist richtig und was ist falsch?

Beispiel zu Beschreibung 1

0   Antonia ist Russin.   Richtig   ~~Falsch~~

Beschreibung 1

7   Antonia hat zwei Geschwister.   Richtig   Falsch

8   Antonias Eltern haben ein Hotel in Österreich.   Richtig   Falsch

9   Antonia spricht drei Sprachen.   Richtig   Falsch

Beschreibung 2

10 Katerinas Mutter kommt aus München.   Richtig   Falsch

11 Katerina spielt seit zehn Jahren Klavier.   Richtig   Falsch

12 Katerina singt mit ihrer Musiklehrerin.   Richtig   Falsch

Schreiben

Schreiben

Du hast diese E-Mail bekommen.
Antworte darauf bitte mit mindestens 30 Wörtern.
*Schreibe bitte **nicht** mit Bleistift.*

Hallo!

Ich heiße Jacqueline, bin 15 Jahre alt und komme aus Frankreich. Meine Hobbys sind Tennis und Computerspiele. In meiner Freizeit gehe ich oft im Park spazieren. In der Schule lerne ich Deutsch, deshalb suche ich eine Brieffreundin oder einen Brieffreund. Bist du 12–15 Jahre alt? Möchtest du mir schreiben?

Schreib mir bitte bald!

jacquelinewagner@example.com

5 Sprechen
Teil 1 und Teil 2

Sprechen Teil 1

Siehe Seite 29.

Sprechen Teil 2

Fragen stellen und auf Fragen antworten

Beispiel

Thema: Freizeit

viel/wenig

Prüfer*in A: *Hast du viel Freizeit?*

Prüfer*in B: *Nein, leider nicht. Nur am Sonntag habe ich Freizeit.*

Thema: Freizeit

Freunde

Thema: Freizeit

Musik

Thema: Freizeit

Wochenende

Thema: Freizeit

spielen

Thema: Freizeit

Sport

Thema: Freizeit

lesen

Sprechen Teil 3

Bitten, Aufforderungen oder Fragen formulieren und darauf antworten oder reagieren.

Beispiel

Prüfer*in A: *Bring bitte eine Flasche Mineralwasser mit!*

Prüfer*in B: *Das mache ich sehr gern.*

6 Hören

Teil 1

 Hören Teil 1

*Du hörst **drei** Nachrichten am Telefon.*
Zu jeder Nachricht gibt es Aufgaben.
Kreuze an: a, b, oder c.
*Du hörst jede Nachricht **zweimal**.*

Beispiel

0 Wohin macht Dilara morgen einen Ausflug?

☒ In den Zoo. b In den Park. c An einen See.

Lies die Aufgaben 1 und 2.

1 Abdul holt in der Bibliothek Bücher für

a Deutsch. b Französisch. c Englisch.

2 Eslem soll für Abdul

a eine Suppe machen. b einen Tee machen. c ein Schnitzel machen.

*Jetzt hörst du die **erste** Nachricht am Telefon.*
*Du hörst die erste Nachricht **noch einmal**.*
*Markiere **dann** die Lösung zu Aufgabe 1 und 2.*

Hören

Teil 1

Lies die Aufgaben 3 und 4.

3 Frau Grimms Büro ist im Zimmer

a Nummer 150.   b Nummer 15.   c Nummer 105.

4 Milena hat schlechte Noten in

a Biologie und Mathematik.   b Mathematik und Physik.   c Biologie und Chemie.

*Jetzt hörst du die **zweite** Nachricht am Telefon. Du hörst die zweite Nachricht **noch einmal**.*
*Markiere **dann** die Lösung zu Aufgabe 3 und 4.*

Lies die Aufgaben 5 und 6.

5 Ennas Haare sind

a braun und kurz.   b lang und blond.   c lang und schwarz.

6 Enna spielt

a Theater.   b Volleyball.   c Klavier.

*Jetzt hörst du die **dritte** Nachricht am Telefon. Du hörst die dritte Nachricht **noch einmal**.*
*Markiere **dann** die Lösung zu Aufgabe 5 und 6.*

6 Hören

Teil 2

Hören Teil 2

*Du hörst **zwei** Gespräche.*
Zu jedem Gespräch gibt es Aufgaben.
Kreuze an: richtig oder falsch.
*Du hörst jedes Gespräch **zweimal**.*

Beispiel

0	Nicole lernt schwimmen.	Richtig	~~Falsch~~

Lies die Sätze 7, 8 und 9.

7	Rudi isst wenig zum Frühstück.	Richtig	Falsch
8	Alexanders Vater isst früh Marmeladenbrötchen.	Richtig	Falsch
9	In Griechenland essen die Leute viel Pizza.	Richtig	Falsch

*Jetzt hörst du das **erste** Gespräch.*
*Du hörst das erste Gespräch **noch einmal**.*
*Markiere **dann** für die Sätze 7, 8 und 9: richtig oder falsch.*

Lies die Sätze 10, 11 und 12.

10	Mathea war vor einem halben Jahr in Italien.	Richtig	Falsch
11	Bella bleibt länger als zwei Wochen in Berlin.	Richtig	Falsch
12	Flora spricht Italienisch.	Richtig	Falsch

*Jetzt hörst du das **zweite** Gespräch.*
*Du hörst das zweite Gespräch **noch einmal**.*
*Markiere **dann** für die Sätze 10, 11 und 12: richtig oder falsch.*

*Schreibe jetzt deine Lösungen 1 bis 12 auf den **Antwortbogen**.*

Ende des Prüfungsteils Hören.

Lesen

Teil 1

Lesen Teil 1

Lies bitte die zwei Anzeigen aus der Zeitung.

Anzeige 1

Teenager aufgepasst: Radio nur für euch!

Jeden Tag von 12 bis 16 Uhr hat Radio N1 eine ganze Sendung nur für euch! Drei Stunden lang spielt Saskia Funk eure Hits und von 15 bis 16 Uhr ist Doktor Timo Becker für euch da. Er hat die Lösung für all eure Probleme.

Hast du schlechte Noten in Mathe? Mag dich dein Freund nicht mehr? Glaubst du, dass du einfach nicht cool bist?

Doktor Becker wartet auf deinen Anruf, um mit dir über alles zu diskutieren.

Nachwuchsmoderatoren aufgepasst:

Jeden Samstag hast du die Chance, live bei uns im Studio zu sein und eine ganze Stunde deine Lieblingssongs zu spielen!

Anzeige 2

Die schönste Geburtstagsparty feierst du bei uns!

Du möchtest eine ganz besondere Geburtstagsparty? Dann komm zu uns! Wir, das Team vom Schwimmbad „Palm Beach", organisieren für dich und deine Freunde die beste Party.
Vier Stunden Spaß und gute Laune! Schwimm mit deinen Freunden, habt Spaß auf unserer Wasserrutsche „Explorer" (ab neun Jahren) und esst im Kinderrestaurant: Jeder bekommt ein Kindermenü mit einem Getränk und eine Kugel Eis dazu. Am Ende der Party bekommen alle Gäste ein T-Shirt als Geschenk vom Geburtstagskind.

Geburtstagspaket für sechs Kinder plus Eltern und Kindermenü
Montag bis Freitag: 99 Euro
••• **Angebot für alle Tage im Dezember: statt 99 nur 80 Euro!** •••
Samstag, Sonntag und Feiertage: 110 Euro
••• **Angebot im November: statt 110 Euro nur 90 Euro!** •••

6 Lesen
Teil 1

Aufgaben 1 bis 6.
Kreuze an: a, b, oder c.

Beispiel zu Anzeige 1

0   Für wen ist diese Radiosendung?
    ☒ Für Teenager, die coole Musik mögen.
    b Für Eltern, die Probleme mit ihren Kindern haben.
    c Für Schüler, die sich für Mathe interessieren.

Anzeige 1

1   An welchen Tagen kann man die Sendung hören?
    a Von Montag bis Sonntag.
    b Jeden Tag außer Samstag.
    c Nur am Samstag.

2   Die Sendung dauert
    a eine Stunde.
    b drei Stunden.
    c vier Stunden.

3   Worüber kann man mit Dr. Becker sprechen?
    a Über Musik.
    b Über persönliche Probleme.
    c Über coole Leute.

Anzeige 2

4   Wer darf die Rutschbahn nicht benutzen?
    a Kinder, die noch nicht 9 Jahre alt sind.
    b Kinder, die älter als 12 sind.
    c Kinder, die nicht schwimmen können.

5   Die Kinder bekommen am Ende der Party
    a ein Getränk und ein Eis.
    b ein T-Shirt.
    c ein Ticket für das Schwimmbad.

6   Wann bezahlt man nur 80 Euro für die Party?
    a Am Samstag und Sonntag.
    b Von Montag bis Freitag.
    c Jeden Tag im Dezember.

Lesen Teil 2

*In einer Zeitschrift findest du zwei Texte über Jugendliche in Deutschland.
Lies bitte die Beschreibungen.*

Beschreibung 1

Hi, mein Name ist Bernd! Ich bin 16 Jahre alt und lebe mit meiner Familie in Berlin. Unsere Wohnung ist groß und sehr schön. Ich habe ein eigenes Zimmer. In meinem Zimmer kann ich den Fernsehturm am Alexanderplatz sehen. Jeden Tag besuchen ihn sehr viele Touristen. Ich arbeite am Wochenende von 16 bis 18 Uhr in einem Café. Das macht mir Spaß und ich verdiene ein bisschen Geld. Nachmittags treffe ich oft meine Freunde und wir fahren mit unseren Skateboards im Park! Außer Skateboard mag ich gerne Skifahren. Das kann ich aber noch nicht so gut, deshalb mache ich im Winter einen Skikurs. Ich liebe Hip-Hop-Musik und tanze auch Hip-Hop.

Beschreibung 2

Hallo! Ich bin Fatima. Ich bin zwölf Jahre alt und lebe seit acht Jahren mit meiner Familie in Dortmund. Ich habe fünf Brüder, aber keine Schwester. Ich komme aus Kairo und am Anfang war es in Deutschland sehr schwer. Ich war alleine, hatte keine Freunde und die deutsche Sprache war sehr schwierig für mich. Aber jetzt ist Dortmund mein Zuhause. Meine Eltern haben ein kleines Geschäft mit arabischen Lebensmitteln, Früchten, Tee aus Ägypten, Kaffee und vieles mehr. Viele kommen zu uns und kaufen Falafel oder Kunafa – das ist ein ägyptischer Kuchen und man kann ihn mit Schokoladencreme oder frischen Früchten essen. Alle unsere Kunden sagen aber, dass die ägyptische Fischsuppe in unserem Laden am besten ist. Die kocht meine Mutter jeden Tag alleine. Sie ist eine tolle Köchin!

Lesen
Teil 2

Aufgaben 7 bis 12. Was ist richtig und was ist falsch?

Beispiel zu Beschreibung 1

0 Bernd mag seine Wohnung. ~~Richtig~~ | Falsch

Beschreibung 1

7 Bernd wohnt im Fernsehturm am Alexanderplatz. — Richtig | Falsch

8 Bernd arbeitet jeden Tag zwei Stunden. — Richtig | Falsch

9 Bernd lernt noch Skifahren. — Richtig | Falsch

Beschreibung 2

10 Fatima ist das einzige Mädchen in der Familie. — Richtig | Falsch

11 Fatima lebt gern in Dortmund. — Richtig | Falsch

12 Fatima kocht jeden Tag Fischsuppe. — Richtig | Falsch

Schreiben

Schreiben

Du hast diese E-Mail bekommen.
Antworte darauf bitte mit mindestens 30 Wörtern.
*Schreibe bitte **nicht** mit Bleistift.*

Hallo!

Mein Name ist Liam und ich bin 14 Jahre alt. Ich komme aus den USA und wohne in New York. Ich besuche die 8. Klasse. Ich fahre jeden Tag mit dem Schulbus zur Schule, dafür brauche ich 40 Minuten. Im Bus lese ich gern Bücher, am liebsten Comics. Liest du auch gern?

Schreib mir bald!

liamanderson@example.com

6 Sprechen

Teil 1 und Teil 2

Sprechen Teil 1

Siehe Seite 29.

Sprechen Teil 2

Fragen stellen und auf Fragen antworten

Beispiel

Thema: Gesundheit

wehtun

Prüfer*in A: *Was tut dir weh?*
Prüfer*in B: *Ich habe Bauchschmerzen.*

Thema: Gesundheit

Obst und Gemüse

Thema: Gesundheit

Sport

Thema: Gesundheit

Yoga

Thema: Gesundheit

schlafen

Thema: Gesundheit

Süßigkeiten

Thema: Gesundheit

krank

Sprechen Teil 3

Bitten, Aufforderungen oder Fragen formulieren und darauf antworten oder reagieren.

Beispiel

Prüfer*in A: *Nimm deine Sporttasche mit!*

Prüfer*in B: *Hier ist sie, siehst du sie nicht?*

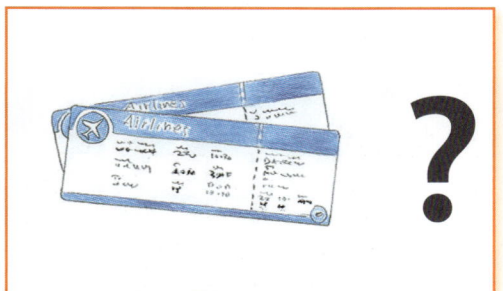

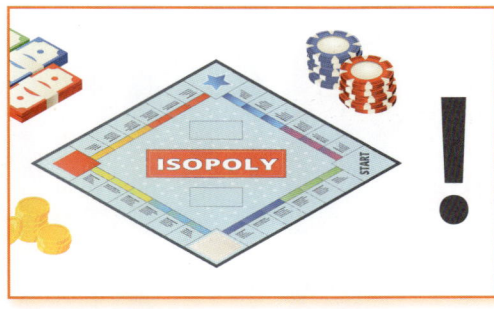

Antwortbogen
Hören und Lesen

Nachname _____ Vorname _____

Hören

Teil 1	a	b	c
1	☐	☐	☐
2	☐	☐	☐
3	☐	☐	☐
4	☐	☐	☐
5	☐	☐	☐
6	☐	☐	☐

Teil 2	Richtig	Falsch
1	☐	☐
2	☐	☐
3	☐	☐
4	☐	☐
5	☐	☐
6	☐	☐

Markieren Sie so: ☒

Nicht so: ☒ ☐ ✗ ● ✓ ◯

Füllen Sie zur Korrektur das Feld aus: ■

Markieren Sie das richtige Feld neu: ☒

Ergebnis Hören: ☐☐ × 1,5 = ☐☐,☐

Lesen

Teil 1	a	b	c
1	☐	☐	☐
2	☐	☐	☐
3	☐	☐	☐
4	☐	☐	☐
5	☐	☐	☐
6	☐	☐	☐

Teil 2	Richtig	Falsch
1	☐	☐
2	☐	☐
3	☐	☐
4	☐	☐
5	☐	☐
6	☐	☐

Ergebnis Lesen: ☐☐

Schreiben

Bewertende/r				
Die Aufgabe ist	voll erfüllt	gut erfüllt	teilweise erfüllt	nicht erfüllt
Inhalt und Umfang	3 ☐	2 ☐	1 ☐	0 ☐
Formale Richtigkeit	3 ☐	2 ☐	1 ☐	0 ☐

- Teil Schreiben wurde nicht bearbeitet ☐

Ergebnis Schreiben: ☐ × 2 = ☐☐

Gesamtergebnis: ☐☐,☐

Schreiben

Antworte bitte auf die E-Mail mit mindestens 30 Wörtern. Schreibe bitte nicht mit Bleistift.

Prüfungsprotokoll
Sprechen

Bildquellenverzeichnis

S. 10 (3a–c): Shutterstock.com/Frank Fiedler; (5a): Shutterstock.com/non c; (5b): Shutterstock.com/David Prado Perucha; (5c): Shutterstock.com/ivan_kislitsin; **S. 20** (2): Shutterstock.com/Anna Nahabed; **S. 21** (1): Shutterstock.com/Anna Nahabed; (2): Shutterstock.com/DGLimages; **S. 34** (1): Shutterstock.com/hxdbzxy; (4, links): Shutterstock.com/Photoongraphy; (4, rechts): Shutterstock.com/Kuznetsov Alexey; **S. 35** (Fahrrad): Shutterstock.com/Vladyslav Starozhylov; (Fenster): Shutterstock.com/Nicolesa; (Fußball): Shutterstock.com/irin-k; (Kugelschreiber): Shutterstock.com/Pakhnyushchy; (Salat): Shutterstock.com/Valery121283; **S. 37** (4a–c): Shutterstock.com/Victor Runov; (5a): Shutterstock.com/Maps Expert; (5b): Shutterstock.com/Schwabenblitz; (5c): Shutterstock.com/Sweet Honey; (6a): Shutterstock.com/Alexander Mak; (6b): Shutterstock.com/Linda Moon; (6c): Shutterstock.com/JenJ_Payless; **S. 41** (1): Shutterstock.com/Dmitry Kalinovsky; (2): Shutterstock.com/Andrey_Kuzmin; **S. 45** (Fernseher): Shutterstock.com/Akkaradet Bangchun; (Geld): Shutterstock.com/Younes Stiller Kraske; (Kakaogetränk): Shutterstock.com/New Africa; (Obst): Shutterstock.com/Tom K Photo; (Smartphone): Shutterstock.com/guteksk7; (Uhr): Shutterstock.com/Frank Fiedler; **S. 46** (1a): Shutterstock.com/Akkaradet Bangchun; (1b, Bildschirm): Shutterstock.com/ekkapon; (1b, Tastatur): Shutterstock.com/Evgeny Karandaev; (1c): Shutterstock.com/guteksk7; (2a): Shutterstock.com/stockfour; (2b): Shutterstock.com/shurkin_son; (2c): Shutterstock.com/Monkey Business Images; **S. 51** (1): Shutterstock.com/otherstock; (2): Shutterstock.com/Lopolo; **S. 55** (Bleistift): Shutterstock.com/hxdbzxy; (Kinosaal): Shutterstock.com/VectorPixel Star; (Lampe): Shutterstock.com/ALEXSTAND; **S. 57** (3a): Shutterstock.com/nelea33; (3b): Shutterstock.com/Sergio33; (3c): Shutterstock.com/bonchan; (4a): Shutterstock.com/3djewelry; (4b): Shutterstock.com/Francesco Scatena; (4c): Shutterstock.com/Kert; (6a), (6b): Shutterstock.com/Denis-Production.com; (6c): Shutterstock.com/TasiPas; **S. 61** (1): Shutterstock.com/Monkey Business Images; (2): Shutterstock.com/Aleksandr Markin; **S. 65** (Eisbecher): Shutterstock.com/Alexander Raths; (Geschenke): Shutterstock.com/Africa Studio; (Pizza): Shutterstock.com/andregric; (Radfahrer): Shutterstock.com/Ljupco Smokovski; **S. 66** (0a/0b, Pizza): Shutterstock.com/images.etc; (Salat): Shutterstock.com/Valery121283; (0b/0c, Tiramisu): Shutterstock.com/New Africa; (Vanilleeis): Shutterstock.com/baibaz; **S. 67** (3a): Shutterstock.com/Olena Yakobchuk; (3b): Shutterstock.com/Tuzemka; (3c): Shutterstock.com/Nadino; (5a): Shutterstock.com/Saaras; (5b), (6b): Shutterstock.com/Monkey Business Images; (5c): Shutterstock.com/Africa Studio; (6a/6c, Basketballhalle): Shutterstock.com/Lane V. Erickson; (6a/6c, Uhr): Shutterstock.com/Frank Fiedler; **S. 71** (1): Shutterstock.com/Andy Dean Photography; (2): Shutterstock.com/Ruslan Malysh; **S. 75** („Berlin"): Shutterstock.com/Tupungato; (Bücher): Shutterstock.com/Cozine; (Schuhe mit Fußball): Shutterstock.com/RPPD; (Wasserflasche): Shutterstock.com/allstars; **S. 76** (0a): Shutterstock.com/Raquel Pedrosa; (0b): Shutterstock.com/WDG Photo; (0c): Shutterstock.com/givaga; (2a): Shutterstock.com/Billion Photos; (2b): Shutterstock.com/amenic181; (2c): Shutterstock.com/stockcreations; **S. 81** (1): Shutterstock.com/morrowlight; (2): Shutterstock.com/insta_photos; **S. 85** (Geschenkbox): Shutterstock.com/Sofiaworld; (Kugelschreiber): Shutterstock.com/Pakhnyushchy; (Spielbrett): Shutterstock.com/ONYXprj; (Sporttasche): Shutterstock.com/Africa Studio; (Zahnbürste): Shutterstock.com/Feel Photo Art